In den Tagen, da die Überraschung über die beiden voneinander so verschiedenen Auflagen des eigenartigen Prozesses
wegen der vielumstrittenen Kamarilla am deutschen Kaiserhofe
und insbesondere über den Erfolg der zweiten, vom Staats-
anwalt besorgten Auflage noch in den Gemütern nachzitterte, in
der ersten Januarhälfte dieses Jahres also, kam unerwartet die
Anfrage der Franckh'schen Verlagshandlung an mich, ob ich die
Bearbeitung der von ihr seit langem geplanten Neuherausgabe
einer Lebensgeschichte Augusts des Starken nach Eduard Vehse
übernehmen wolle. Den Schriftsteller, der mit der Vorarbeit
dazu bereits begonnen hatte, hinderte leider Krankheit an der
Ausführung. Da bereits die Ankündigung im Buchhandel vor-
lag, war nach Mitteilung des Verlags besondere Eile geboten.

Nun bin ich zwar — und brauche mir nicht zu schmeicheln —
kein schlechter Kenner der Geschichte meines sächsischen Vater-
landes und habe schon eine recht ansehnliche Zahl von Arbeiten
daraus in Zeitungen, Zeitschriften und in Buchform veröffentlicht.
Mit August dem Starken indessen hatte ich mich seit einer Reihe
von Jahren nur noch im Vorübergehen beschäftigt. Und mein
Bedenken, Vehse allein als Gewährsmann zu Rate zu ziehen
und zu Worte kommen zu lassen, gesellte sich der Erwägung darüber bei, ob ich mich in kürzester Frist dermaßen wieder in den
umfangreichen Stoff der Aufgabe einleben könne, daß ich deren
Ausführung annehmen dürfe.

Der Titel „August der Starke, sein Leben und Lieben nach Eduard Vehse" stand nämlich bereits fest, war zur Ankündigung gelangt, und ich konnte ihn darum nicht ändern. Das ehrenvolle Anerbieten des Verlags auszuschlagen, kam mir indessen zu hart an, und den troß der angeführten Bedenken regen Wunsch, ihm eine Zusage zu übermitteln, unterstüßte der Gedanke: „Wenn sich jetzt ein anderer findet, der die Sache übernimmt, so macht er's vielleicht nicht besser!" Überdies teilte mir der Verlag mit, das Buch brauche keine wissenschaftlich-strenge Kritik zu bringen, solle sich nämlich an das große Publikum wenden, dürfe aber troßdem nach meinem Belieben und Ermessen Hinweise auf die Ermittlungen der neueren oder auch älteren Forschung bringen, soweit sich diese von Vehses Darstellung unterscheidet.

So sagte ich denn zu und machte mich an die Arbeit in der Erwartung, der geschichtlichen Wahrheit, wie sie bis heute zu öffentlicher Erkenntnis gelangt ist, nicht zu nahe zu treten. Ebenso hoffte ich aus dem sehr umfänglichen Teile von Eduard Vehses selten gewordener „Geschichte der Höfe des Hauses Sachsen", der August den Starken recht weitschweifig behandelt, ein lesbares, im Umfange wesentlich vermindertes Buch zusammenzubringen, das seines zweifellos interessanten Inhalts wegen — gleich Vehses Original troß dessen Schwächen — allgemeines Interesse beanspruchen darf.

Dabei ließ ich mir einerseits angelegen sein, alle recht häufig durch langatmige Wiederholungen, zumeist durch ermüdende Einzelheitsschilderungen verursachten Weitschweifigkeiten des überaus gründlichen, aber oft zu wenig kritischen Vehse zu vermeiden. Auf der anderen Seite aber suchte ich Vehses Darstellung, soweit es irgend möglich war, beizubehalten; dies geschah namentlich in den Kapiteln 2 und 3, die sich auch in der Anordnung enger an Vehse anschließen, als alle. übrigen Abschnitte, in denen ich behufs Erzielung möglichster Übersichtlichkeit mancherlei aus verschiedensten Teilen seiner drei Teile (Bände) zusammentrug und ergänzte, was mir eine einheitlichere Behandlung zu erheischen schien.

Überall dort, wo Vehses Text nunmehr geändert, berichtigt, ergänzt oder gekürzt erscheint, diesbezügliche Vermerke einzuschalten, stellte sich als untunlich heraus, weil ein solches Verfahren zweifellos Ermüdung der Leser herbeigeführt haben würde.

Bibliothek des 17. und 18. Jahrhunderts.

August der Starke

sein Leben und Lieben

nach

Eduard Vehse.

Unter gleichzeitiger Berücksichtigung älterer und neuerer
Literatur kurz zusammengefaßt von

Ernst Arnold.

Zweite Auflage.

Stuttgart

Franckh'sche Verlagshandlung.

Daher beſchränkte ich mich in der Hinzufügung derartiger Vermerke auf diejenigen Stellen, wo dieſe aus dem oder jenem
Grunde wichtig erſchien. Die Erörterung der Gründe für jeden
einzelnen Fall würde zu weit führen.

Während der Niederſchrift und ſonſtigen Bearbeitung des
Manuſkripts, die ich nach Durchſicht der einſchlägigen Literatur
in den letzten Januartagen begann und Mitte Februar beendete,
erſchien mir die Beigabe einer literariſchen Einleitung (S. 10 ff.)
erforderlich.

In unſeren Zeiten, wo im deutſchen Vaterlande der harte
Gegenſatz zwiſchen Neigungen zum Abſolutismus und der Adels-
vorherrſchaft auf der einen und dem Streben nach weiterem Aus-
bau der Verfaſſung im Sinne fortſchreitender Demokratiſierung
häufig genug zutage tritt, und da ſich — um mit Liſelotte zu
reden — wieder „wunderliche evenements" in Fülle zutragen
— man denke u. a. nur an die grundverſchiedene Behandlung
der Wahlrechtsfragen im Norden und Süden — erſcheinen dem
wahren Vaterlandsfreunde mit freiheitlicher Geſinnung Wieder-
veröffentlichungen ſolcher Literatur wie der Briefe Eliſabeth Charlottens und der Lebensgeſchichte Auguſts des Starken ſchon deshalb
recht wertvoll und wichtig, weil ſie eindringlich und deutlich
erkennen laſſen, in welche Fehler und Nöte die abſolutiſtiſch-
junkerliche Politik, der keine Korrektur, keine Kontrolle durch
eine wirkliche Volksvertretung Zügel anlegt, die Völker bringen
kann oder — muß.

Dresden, im März 1908.

Der Herausgeber.

Inhalt.

Literarische Einleitung.

Außer Eduard Behses „Geschichte der Höfe des Hauses Sachsen", vierter, fünfter und sechster Teil, der Grundlage dieses Buches, hat der Herausgeber nachstehende Werke und kleinere Arbeiten zu Rate gezogen:

Böttiger-Flathe, Geschichte des Kurstaates und Königreiches Sachsen, zweiter Band, Gotha 1870.

Faßmann, Des Glorwürdigsten Fürsten Friedrich Augusti des Großen (!) usw. Leben und Heldenthaten, Ausgabe von 1734.

Förster, Friedrich August II., König von Polen und Kurfürst von Sachsen; seine Zeit, sein Kabinett und sein Hof, Potsdam 1839.

Gretschel, Geschichte des sächsischen Volkes und Staates, zweiter Band, Leipzig 1847.

Haake, König August der Starke, eine Charakterstudie, München und Berlin 1902. (Ferner fünf Artikel Haakes, die 1900 bis 1903 in verschiedenen Zeitschriften erschienen sind.)

Hiltebrandt, Die polnische Königswahl von 1697 und die Konversion Augusts des Starken, Rom 1907.

Pöllnitz, La Saxe galante, Amsterdam 1734.

Wagner, Die Beziehungen Augusts des Starken zu seinen Ständen während der ersten Jahre seiner Regierung (1694—1700), Leipzig 1903.

Bodemann, Aus den Briefen der Herzogin Elisabeth Charlotte von Orleans an die Kurfürstin Sophie von Hannover usw., Hannover 1891.

Menzel, Briefe der Prinzessin Elisabeth Charlotte von Orleans an die Raugräfin Louise, Stuttgart 1843.

(Sehr beachtenswerte Auszüge aus diesen Briefen sind in zwei Bänden in der Franckh'schen Verlagshandlung, Stuttgart, unter dem Titel: „Elisabeth Charlotte, Briefe über die Zustände am französischen Hofe unter Ludwig XIV." und „Hof und Gesellschaft in Frankreich am Anfang des 18. Jahrhunderts" erschienen. Preis pro Band: brosch. M 2.—, geb. M 3.50.)

Zum näheren Verständnis mancher Einschaltungen in diesem Buche erscheinen noch zwei Anmerkungen angebracht:

1. Johann Friedrich von Wolfframsdorff, ein sächsischer Kammerherr, faßte im Winter 1703/04 — wie Paul Haake in den 1901 und 1902 erschienenen Bänden des „Neuen Archivs für Sächsische Geschichte und Altertumskunde" nachgewiesen hat, und ich im Januar 1904 in einer volkstümlicheren Darstellung in einer kleinen Anzahl Zeitungen erörtert habe — den gleich darauf auch ausgeführten Plan, dem König-Kurfürsten über das Leben und Treiben des „Geheimen Konsiliums", der Landes-

regierung und der Höflinge in einem Buche unter dem Titel: „Portrait de la cour de Pologne" die Augen zu öffnen. Und um dabei nicht lediglich als Kritiker aufzutreten, machte er sich schlüssig, zugleich positive Arbeit durch Formung von Ratschlägen für die Besserung der bemängelten Zustände und Einrichtungen, also für eine möglichst großzügige Reform, wie wir heutzutage sagen, zu bieten. Dieses Buch ließ er in Leipzig in allergrößter Heimlichkeit und unter Umgehung der Zensur drucken, behielt jedoch die wenigen Exemplare dieser Schrift, eben des „Portrait de la cour de Pologne", an ihm sicher erscheinenden Orten in Verwahrung und verstand es, zunächst ein einziges davon in die Öffentlichkeit und an den Mann zu bringen, für den er das Buch geschrieben und bestimmt hatte, um es dem Könige im Spätherbst 1704 in die Hände zu spielen. Der Eindruck, den die Schrift auf diesen machte, war ganz eigenartig: August fand darin viele Gedanken, die er selbst gehegt hatte, wieder und nicht wenige davon zu Plänen ausgebaut, mit denen er sympathisierte. Dies gibt sich auf das deutlichste kund aus Aufzeichnungen, die August um jene Zeit machte, der „Regel pour la posterité", wahrscheinlich entworfen in der ersten Hälfte des Jahres 1705. Wolfframsdorffs Buch gliedert sich in zwei Teile: die eigentlichen Porträts und ein Programm der gesamten auswärtigen und inneren Politik. Die hierauf bezüglichen Vorschläge Wolfframsdorffs faßt Haake in folgender Übersicht zusammen: „Reformen, nicht nur in der Behördenorganisation, sondern auf allen Gebieten: Das ist der Ruf, der in dem weit kürzeren, aber weit bedeutenderen zweiten Teile des Porträts erschallt, Reformen im Heer-, im Gerichts-, im Finanz-, im Steuerwesen, im Handel, in der Industrie, in der auswärtigen und inneren Politik, in der Erziehung des Thronfolgers. Wolfframsdorff verlangt die Verabschiedung der faulen und der habgierigen Offiziere, unbestechliche Justiz, genaue Revision der Finanzen durch den König, die Durchführung der Generalkonsumtionsakzise, die Anlage neuer Fabriken, die Durchbrechung des Handelsmonopols von Leipzig, die Zulassung der Juden gegen einen jährlichen Schutzzoll von ein bis zwei Millionen, ein Toleranzedikt für alle Religionen, die Entfernung des altsächsischen Adels aus den obersten Ämtern und ihre Besetzung mit Ausländern, die Erhebung Polens zu einem Erbkönigreiche, Neutralität in dem Kampfe zwischen Ludwig XIV. und dem Kaiser, Freundschaft mit Dänemark und Schweden." — Auffällig und bemerkenswert ist besonders der Freimut, mit dem Wolfframsdorff über alle Sachen und Personen redet, die er in den Kreis seiner Betrachtungen zieht. Diesem kommt meiner Ansicht nach in jener Zeit höchstens Patkul gleich, worüber unten (in Anmerkung 2) mehr. Sicherlich hat Haake recht, wenn er in seinen Untersuchungen über das „Porträt" und die darauf erschienenen Gegenschriften betont: „Nie wieder hat ein Sachse August dem Starken so nüchtern, so konsequent die Lehren Macchiavels gepredigt, wie Wolfframsdorff, und nie wieder hat der König sich so rückhaltlos zu ihnen bekannt, wie nach der Lektüre der Wolfframsdorffschen Schrift." — Daß August diese mit dem größten Interesse las, war übrigens nicht weiter verwunderlich, denn der Verfasser sprach ihm aus der Seele und versicherte ihm ja, seine Bemerkungen habe er nur „aus Eifer für den Dienst" des Königs und aus „wahrhafter Anhänglichkeit" niedergeschrieben, „die nur mit unserm Leben enden wird." Ein übriges taten auch die Schlußworte! . . . „le monde parlera du Roy Auguste le Grand" (die Welt wird vom König August dem Großen sprechen), schloß das Buch, in dem der König-Kurfürst nach vielen Kämpfen mit den Ständen und nach großem ·Ärger über den Widerstand seiner Räte uneingeschränkten Beifall und die Aufforderung fand, auf dem eingeschlagenen Wege fortzufahren, in dem er sich mit Alexander dem Großen verglichen sah, in dem er seine eigenen Pläne auf Gründung eines großen Reiches, einer Weltmacht gelobt fand. Das Interesse des Königs brachte es indessen nur verhältnismäßig kurze Zeit fertig, den Verfasser des ihm so angenehmen Buches gegen die Wut seiner Feinde und die Verfolgung durch diese in Schutz zu nehmen. Die Macht des Hofadels war zu groß, die Kamarilla zu einflußreich, als daß sie nicht vermocht hätte, beim Kurfürsten Mißtrauen und Abneigung gegen Wolfframsdorff zu erwecken. Dieser kam schließlich in Untersuchungshaft und starb am 29. Juli 1712, bevor die vom Könige augenscheinlich geflissentlich wenig geförderte Untersuchung zu Ende gelangt war.

2. Johann Reinhold Patkul, der infolge seiner energischen Vorstellungen über Verletzungen livländischer Rechte bei der schwedischen Regierung aus seiner Heimat geflüchtete livländische Adlige, hat später, als er zugleich in russischen und sächsisch-polnischen Diensten als Diplomat und Offizier stand, dem starken August das Stärkste gesagt, was dieser je hat zu hören bekommen, und zwar in einer Denkschrift, die der König selbst mehrfach von ihm gefordert hatte. Diese führt den Titel: „Johann Reinhold Patkul's, Ihro Zaarischen Majestät geheimer Rath und Plenipotentiarius, wie auch General en chef bei Dero Truppen politische Offenbarung oder geringfügiges Bedenken von schwedischer Invasion in Sachsen, welches auf allergnädigsten und so oft wiederholten, wie auch nachdrücklichen Befehl des allerdurchlauchtigsten großmächtigsten Herrn Herrn Friedrich August's, König in Polen und Churfürst zu Sachsen von obberühmtem General hat müssen gestellt und an Ihre Königl. Maj. zu Dresden übergeben werden den 8. März 1705." Patkul bestätigt darin nicht nur die Wahrnehmungen Wolfframsdorffs über die Übelstände in der inneren Verwaltung, den Finanzen, der Armee und der Justizpflege, sondern er enthüllt dem König auch seine gänzliche Kreditlosigkeit bei den fremden Kabinetten. Er sagt ihm unter andern: „Die gegenwärtige innerliche Constitution von J. K. M. Conseil und Ministerio sammt der innerlichen Disposition Dero Erblande und Dero Gouvernement wird bey allen Höfen Europas vor hauptsächlich corrupt gehalten. . . . Bey dieser neuen Methode sind das Land und der Landesherr zugleich in solches Abnehmen von Gelde gebracht, daß nicht einmahl Geld zum nothwendigen Behuf vorhanden, alte, in vorigen Zeiten ersparte Capitalia verzehrt, nichts beygelegt, Schulden auf spöttische Weise gemacht, die Fonds ruiniret, Credit gar verloschen und in so üble Reputation gesetzt, daß nicht einmal wenige hundert Thaler ohne Mühe zu erborgen, kaum möglich, desgleichen Commercien in augenscheinlichen Abfall gebracht sind und so gar der Credit entseelt darniederliegt, daß auch Freunde ihre Capitalien verstecken und also niemand mehr traut; insonderheit da so viele Actus passirt sind, bey welchen Zusagen und

Halten als das Fundament alles Credits nicht eben so genau practicirt, sondern Violentien anstatt des Rechts verübt worden, auch selbst die Justiz nunmehro nicht in Regeln, beschriebenen Gesetzen und gewöhnlichen Instantien ihren Sitz hat, sondern nur an einer arbitrairen Macht eines oder andere Ministri hingeliefert zu seyn scheint usw. — unberührt die Besorglichkeiten, so die Alliirten Protestirende (die Seemächte, Dänemark, Preußen) wegen der Religion in I. K. M. Erblande concipiret haben und darauf nicht geringe Reflexionen zu I. K. M. Nachteil machen." — Patkul zeigt dem König ferner, daß „die Conservation von Sachsen nicht durch den Degen, sondern durch einen coup de plume zu bewerkstelligen sei." Er bespricht die Allianzen, die Sachsen schließen könne, und bleibt bei dem Kaiser, den Seemächten, Preußen und Dänemark stehen. Aber, sagt er, „die Mefiance und die Scrupeln berauben I. K. M. nicht allein aller Hoffnung einiger Assistance, sondern treiben dieselben Puissancen gar in die Arme des Feindes. ... Ich zweifele zwar nicht, daß, wenn der König von Schweden in Sachsen geht, die Alliirten aus einer politique und pour sauver les apparences, nicht eben in die Consilien zum Ruin eines Mitstandes vom Reich trempiren werden, auch daher heftige Protestationen und Beschwerden zu Regensburg und allenthalben machen, gegen Schweden pestiren, in Drohung ausbrechen, ja gar Truppen zusammenziehen und Miene machen werden, die Violation des Reichs Friedens und Vilipendirung der Garanties zu vindiciren. Unterdessen aber ist Sachsen verheert und ruinirt, der Streich unterm Mantel gespielt. ... Ich nehme die Freyheit bey dieser Gelegenheit zu erweisen, daß es keine theoreticae speculationes sind, I. K. M. zur reminiscence zu bringen, was wohl ehemals in einer vertrauten Conferenz zwischen dem seligen Reichsvicekanzler Herrn Grafen von Kaunitz und mir vor Herzens-Seufzer ans Tageslicht gekommen, da er über das Capitel von I. K. M. in die Bekenntniß von Grunde seines Herzens ausbrach: ,Ey, so laßt ihn in des Teufels Namen fallen, so wissen wir alle einmal, woran wir sind.' ... Ein bekannter und sehr renommirter Staatsminister in Holland (Heinsius), als ich zu demselben im vorigen Jahre Monat Martii nach den Haag einen expressen, in den Welt-Affairen wohl versirten Menschen abgefertigt, um von wegen I. Zaar. M. über ein gewisses Engagement dieser Republic sondiren zu lassen, hat dort in nichts anders als in dem Artikel von I. Kön. M. Difficultät gefunden und unter andern diese Parabel beygebracht: ,Es gemahne ihn eben, als wenn ein wohlhabender Kaufmann Consorten zum Handel suchte, welche nach dem geschehenen Vortrag ihre Buchhalter an ihn abfertigten, um sich von seiner Disposition und Handelsart zu informiren, dieselben aber, da sie vernehmen sollten, daß er eine ganz andere Handelsart, als alle andere Negotianten im Gebrauch haben, führte, würden sich gar nicht mit ihm associiren, sondern lieber seinen Weg gehen lassen.' Und also habe ich, weil das Absehen gewesen I. Z. und K. M. Interesse zu combiniren und inseparable zu machen, in nichts reussiren können, sondern erfahren und ansehen müssen: daß von wegen der über I. K. M. Hof gefaßten Concepte ich in I. Z. M. Sache nichts ausgerichtet. Wie es an denn noch an zwey andern considerablen Höfen also geschehen, davon ich aus Beysorge widerlicher Suite vor I. K. M. Hof noch zu Zeit keine

Relation an J. 8. M. abgefendet 2c.... Die klaren Effecten zeigen sich nunmehro, daß J. K. M. Affairen odios zu werden und außer aller Confideration auf dem Theater Europas zu fallen beginnen, so daß ein jeder, wo er nicht sein Interesse in J. K. M. Fall, doch wenigstens seine Convenienz in Dero Conservation nicht zu finden scheint" usw. — Patkul schloß seine Schrift mit den Worten: „Dixi et Salvavi animam meam." Flemming schrieb angeblich darunter: „Maledixisti et damnaberis." Und damit behielt dieser langjährige Günstling, General und Minister Augusts in der Folge recht, indem der König Patkul 1707 seinen und dessen Feinden, den Schweden, auslieferte. Über Patkuls entsetzliches, qualvolles Ende enthält Kapitel 3 dieses Buches einige Mitteilungen.

Erstes Kapitel.

August des Starken Geburtstag und Namenserklärung — Seine Eltern Johann Georg III. und Anna Sophie von Dänemark — Sein Bruder Johann Georg IV. und dessen kurze Regierungszeit — Johann Georgs IV. Verhältnis zu Sibylle von Neitschütz, der späteren Gräfin Rochlitz — Bigamie des Kurfürsten: Sibylle, Gemahlin zur linken Hand — Beider plötzlicher Tod — Augusts erste Regierungshandlung: der Hexenprozeß gegen die Generalin Neitschütz — Allerhand Aberglaube: die Adlerwurzel und das Zauberkraut Moly, die Traummarie, die Hexe Margarete und der Diebsbaumenspender „Meister“ Melchior — Die Festsetzung des „Duckers“ von Hoym.

Friedrich August, später der erste sächsische Kurfürst dieses Doppelnamens und als König von Polen: August II., dem die Geschichte den Beinamen: der Starke verlieh, war am 12. Mai 1670 als zweiter Sohn des Kurfürsten Johann Georg III. in Dresden geboren.

Sein Vater, der Mitbefreier Wiens von den Türken von 1683, seiner kriegerischen Tüchtigkeit halber „Sachsens Mars“ geheißen, trug den Kurhut nur elf Jahre, von 1680 bis 1691, er starb im Alter von 44 Jahren auf einem Feldzuge gegen Frankreich als' Kommandant en chef sämtlicher Reichstruppen. Erkrankt, hatte er sich nach Tübingen bringen lassen, um dort am 12. September 1691 zu sterben. Sein Ableben war plötzlich und nicht ohne eigentümliche Begleiterscheinungen. Wir lesen darüber bei Behse:

Bei der Einbalsamierung des Körpers fand man zur Verwunderung (sc. der Ärzte) das Herz ganz verwelkt und keinen Blutstropfen darin, während alle übrigen Organe noch frisch und gesund waren. Das Visum repertum des Leibmedicus Franke besagte: „Die Lunge des Kurfürsten war auf beiden Seiten hart angewachsen, sah violett und rötlich aus, war mittelmäßig ohne einig Blut, wie auch das Herz von keiner sonderlichen Größe, sintemal in keinem ventriculo desselben einig Blut, noch auch fast in dem ganzen übrigen Leibe befunden worden.“

Beim Tode von Friedrich Augusts Bruder und Vorgänger in der Kur, Johann Georg IV., wird hiervon noch weiter zu sprechen sein!

Viel von Augusts Vater zu berichten, kann nicht die Aufgabe dieses Lebensbildes seines berühmten Sohnes sein. Nur dreierlei mag hier Platz finden, weil es bemerkenswert ist für die Beurteilung Augusts.

Johann Georg III. war durch und durch Soldat, lieber außer Landes auf dem Feldzuge als daheim im Kurstaate; ebenso liebte er das Reisen sehr. Geld auszugeben verstand er bestens; in der Wahl von Mitteln zu deren Beschaffung war er nicht bedenklich, gehörte er doch zu den ersten deutschen Fürsten, die ihre Untertanen als Soldaten an fremde Mächte verkauften. Johann Georg war aber nach Vehse nicht nur ein martialischer Herr für den Krieg, sondern auch ein warmblütiger und vollsaftiger Herr für den Frieden. Nächst den Soldaten waren Tafelfreuden und anderes Wohlleben seine Hauptpassion, und zur Leibesstärkung gebrauchte er die Jagd. Er pflegte nie lange in Dresden zu verweilen, sondern sich bald auf diesem, bald auf jenem seiner Schlösser aufzuhalten.

Der Kurfürst liebte auch außereheliche Liebesfreuden. Seine Gemahlin hielt — wie ja später auch ihre Schwiegertochter, Augusts Gattin — deshalb auch ihren Hof „abgesondert auf ihrem Garten außerhalb der Stadt" Dresden.

Ein natürlicher Sohn Johann Georgs III. von einer Mutter, deren Name nicht bekannt ist, war Johann Georg Max von Fürstenhof, geboren 1686. Er diente als Bürgerlicher von unten auf in der Armee, zeichnete sich aber als Ingenieur und Baumeister aus, wurde 1741 General und geadelt und starb 1753 als Chef des Ingenieurkorps und Direktor der Militärgebäude.

Außerdem berichtet Vehse, auch die Zeitungen hätten damals schon von den Galanterien des Kurfürsten zu melden gewußt. So lese man im Maistück der 1692 erstmalig im Haag erschienenen „Lettres historiques", daß sich einige Zeit vorher ein Mädchen von 13 Jahren dem (neuen) Kurfürsten als natürliche Tochter seines Vaters vorgestellt habe mit der Behauptung, man habe sie bald nach ihrer Geburt unter einer Brücke ausgesetzt, und der Bitte um Bewilligung einer Pension zur Führung eines standesgemäßen Lebens. Weil sie keine Beweise habe beibringen können, hätte man ihr nicht geglaubt (on crut que c'étoit une pure friponnerie) und sie in Untersuchungshaft gezogen. Über den weiteren Verlauf der Angelegenheit finde sich nichts.

Die eigentümlichen innerpolitischen Verhältnisse Sachsens, insbesondere die Macht des Adels im Bunde mit der lutherischen „rechtgläubigen" Geistlichkeit, legten Johann Georg III. manche harte Nuß vor. Doch gab er sich kaum Mühe, sie zu knacken. Bei seinem Regierungsantritte schien es allerdings, als wolle er diese Macht brechen. Wir ersehen in dieser Beziehung mit Vehse aus einer in den Frankfurter Relationen zum Jahre 1680 enthaltenen Auslassung den Willen des Kurfürsten, einen Versuch zu machen, sich durch fremde Minister und Generale seines eigenen Adels zu erwehren und statt des Hofstaats die Finanzen und die Armee auf respektablen Fuß zu setzen. Der Versuch glückte nicht, der Wille war zu schwach.

Auch August der Starke ist in dieser Beziehung über Versuche nicht hinausgekommen. Wolfframsdorff berichtet in seiner August zugestellten Schrift „Portrait de la cour de Pologne", das Leben am Hofe sei schon unter Johann Georg III. sehr wüste gewesen. Der Fürst, zwar ein guter Mensch, habe getan, was sein Leibpage wollte, und hinter diesen hätten sich die Geheimräte gesteckt. (Ganz wie unter Augusts des Starken Sohne!) Aus dem „Portrait" übersetzt Vehse folgende Stelle:

„Unter Johann Georg III. ist die größte Verderbnis hereingebrochen, da der Hof im größten Überflusse lebte und sich um nichts kümmerte, als um Essen und Trinken. Das Ministerium war verdorben durch Eigennutz und durch Faulheit. Der Leibpage war eigentlich der Premierminister. Die Geheimen Räte begingen ihre Betrügereien einzig und allein durch ihn. Es wurden zu dieser Leibpagen-Stelle gewöhnlich junge Leute gewählt, von denen man wußte, daß sie der Herr gern leiden mochte, und die lebhaften und aufgeweckten Geistes waren. Unter dem Vorwand, für den Herrn zu sorgen und von ihm unzertrennlich zu sein, taten sie nichts anderes, als auf alles aufzupassen, was in den Gemächern des Kurfürsten vorging, und den Ministern davon Nachricht zu erteilen. . . . Die Stelle eines Leibpagen ist zu jeder Zeit dem Dresdner Hofe nachteilig gewesen. Pagen, Jäger, schlechte Hofjunker haben seit Jahren den Geheimen Rat regiert."

An anderer Stelle in der Lebensgeschichte *) Johann Georgs III. bemerkt Vehse mit Recht:

Die Kamarilla und die Adelsoligarchie, dieser Krebsschaden, an welchem Sachsen zugrunde gegangen ist, wurde vollständig unter Johann Georg III. ausgebildet.

Von der nicht geringen Dreistigkeit, mit der die Prätensionen des Adelsgeistes damals in Sachsen auftraten, kann eine Vorstellung Zeugnis geben, welche im Jahre 1682 der Adel auf dem Landtage machte. Er begehrte nämlich die Fürstenschule zu Meißen ausschließlich für seine Kinder und zwar unter Anführung des Grundes: „weil unter der Jugend adeligen und bürgerlichen Standes **) sich beständige Zänkereien ereigneten und daher die Abeligen in ihren Sitten zurückgesetzt und unter dem gleichen Zwang, dem sie unterworfen würden, dergestalt schüchtern gemacht würden, daß ihnen nachher beständig etwas davon anhängen bleibe." Es ward also damals deutlich darauf hingearbeitet, „diese Schüchternheit" ausschließlich dem Bürgerstande zu überlassen, es ward so recht mit Bewußtsein der Eigendünkel des Edelmanns großgezogen, daß er etwas Besseres sei, als die anderen Leute und daß ihm von Geburts wegen gebühre, dreist über diese anderen Leute zu herrschen.

Mit anderen Worten: man wünschte eine neue Befestigung der Lehre vom beschränkten Untertanenverstande, dieser leider noch heutzutage nachwirkenden schädlichen Erfindung Luthers aus der Zeit der großen deutschen Revolution, des Bauernkriegs!

Die Mutter Augusts war die dänische Prinzessin Anna Sophie, die eifrig lutherisch gesinnte Freundin und Fürsprecherin, auch Beichtkind des berühmten Pietisten Spener. Sie hatte ihre Hofhaltung für sich, wie schon angedeutet, und zwar zu Lichtenburg bei Torgau, wohin sie auch

---

*) Gesch. der Höfe des Hauses Sachsen, Hamburg 1854, vierter Teil, Seite 148 f.

**) Die Lehrer waren verpflichtet, die abligen Schüler mit „Sie", die bürgerlichen mit „Er" anzureden.

2

Spener (von Berlin aus) jährlich zweimal kommen ließ. Auf diesem Wittwen-sitze erlebte die Kurfürstinmutter mit ihrem Beichtvater den herben Schmerz über das schändliche Verhältnis des älteren Sohnes, Johann Georg IV. mit Sibylle von Neitschütz, wovon dann bald die Rede sein wird, und über den Übertritt des jüngeren, Friedrich August, zur katholischen Kirche. Dort überlebte die Mutter der eben genannten beiden Kurfürsten, außer denen sie keine Kinder hatte, ihren Gemahl sechsundzwanzig Jahre.

Sie starb erst 1717 unter der Regierung ihres zweiten Sohnes, des starken Augusts, der zu ihrem herben Schmerze konvertierte, als eine der höchsten Respektspersonen des Hofes. In ihren Händen war die Erziehung ihres Enkels, dessen Konversion erst nach ihrem Tode veröffent-licht wurde, der Vater hatte ihren hohen Kredit bei den Landständen schonen müssen. Ihr Urteil war allgemein geachtet, sie war aber in ihren Entschei-dungen nicht so ganz frei, wie man gewöhnlich glaubte, sie ward durch Zu-träger und Tartuffes geleitet. Demnächst hatte sie die Schwachheit, sich gern ein Räuschchen anzutrinken. Unterm 9. Dezember 1717, kurz nach ihrem Tode, schrieb die Herzogin von Orleans: „Von der alten Kurfürstin von Sachsen habe ich allezeit gehört, daß sie sich sternsvoll gesoffen hat."

Friedrich August als zweitgeborener Sohn des Kurfürsten hatte nach menschlichem Ermessen kaum Aussicht, zur Regierung zu gelangen. Das Schicksal wollte indessen, daß sein älterer Bruder nach knapp anderthalbjähriger Herrschaft im 26. Lebensjahre eines plötzlichen Todes starb und keine Kinder hinterließ. So wurde denn Friedrich August*) Landesherr, wenige Tage vor Vollendung seines 24. Jahres. Da er sich in der ersten Zeit seiner Regierung angelegentlich mit Leben und Sterben seines Bruders zu be-schäftigen hatte, der ihm in gar mancher Beziehung recht ge-ähnelt haben muß, so ist hier die Einfügung einer kurzen Schilde-rung vom Wesen und Treiben Johann Georgs IV. unerläßlich.

Johann Georg IV. hatte sich am 27. April 1692 mit der ver-witweten Markgräfin Eleonore Erdmuthe Luise von Branden-burg-Ansbach, einer geborenen Prinzessin von Eisenach, verheiratet. Diese hatte in ihrer ersten Ehe drei Kinder gehabt, ihre älteste Tochter ward die berühmte Königin Charlotte von England.

Die durch die Politik vermittelte Heirat Kurfürst Johann Georgs IV. mit der brandenburgischen Prinzessin wurde eine sehr unglückliche Heirat für ihn und für Sachsen. Sie ward durch eine frühere Liebschaft des Kur-fürsten gestört. Diese frühere Liebschaft war die mit ihr in der sächsischen Geschichte tragisch genug berühmt gewordenen Magdalene Sibylle von Neitschütz, der Gräfin von Rochlitz.

Sibylle von Neitschütz oder Neidschütz war die Tochter eines Garde-obristen, Amtshauptmanns und Kammerherrn, späteren Generalleutnants....

---

*) Solange er Kurfürst war, nannte er sich so; erst als König von Polen bediente er sich nur seines zweiten Namens.

Ihre Mutter, eine intrigante und abergläubische, aber sehr energische Frau, war eine geborene von Haugwitz. Von ihr sagt der bekannte preußische Ober-konsistorialrat Büsching im achten Bande seines Magazins für neue Historie und Geographie, sie sei nach einer alten Nachricht „eine Buhlschaft des Kurfürst Johann Georgs III. gewesen, da er noch Kurprinz war und in dem vorigen Krieg 1674 einen Feldzug an den Rhein tat. Und weil ihre Tochter nach selbigem Feldzug 1675 geboren worden, da die Mutter über Jahr und Tag von ihrem Ehemann abwesend gewesen, hat der Kurfürst Johann Georg III., bei dessen Lebzeiten noch seine Söhne mit dieser Tochter zu scherzen angefangen, sehr darüber geeifert und es ihnen verwehren wollen. Als einmal ihr Bruder, der Obermarschall von Haugwitz, dem bekannten von Lüttichau, so vor einen Stocknarren an dem Hofe des Herzogs Friedrich Augusti, nachmals Kurfürsten und Königs in Polen, passierte, vorwarf, daß sein Geschlecht das Privilegium habe, dem Kur-hause allezeit einen Narren zu halten, erwiderte dieser deshalb, daß hingegen die von Haugwitz das Vorrecht hätten, demselben Hause Huren zu ziehen." Sibylle war am 8. Februar 1675 geboren. Ihre Mutter hatte sie schon von frühester Jugend an nach dem damals überhand nehmenden französischen Stil zur Koletterie erzogen; Sibylle wurde beschuldigt, schon in ihrem dreizehnten Jahre einen leichtsinnigen Umgang mit ihrem Sprachmeister Salabin, dem Oberkriegskommissar Obrist Klemm und dem Hofmeister des Prinzen Friedrich August, Christian August von Harthausen, gestanden zu haben. Schon drei Jahre vor seinem Regierungsantritt 1688, als Sibylle im vierzehnten Jahre stand, lernte der damals zwanzigjährige Johann Georg IV. sie kennen und faßte sogleich die glühendste Neigung zu ihr. Die Mutter fand sich durch die Anträge des Kurprinzen geschmeichelt, sie überließ ihm ihre Tochter, sie diktierte die Antworten auf die Zuschriften, die sie von dem Prinzen empfing, ihr in die Feder und führte sie nachher selbst dem Kurfürsten aufs Schloß zu. Nach der Aussage der Kammer-jungfer der Gräfin Rochlitz, Elisabeth Nitsche, hatte Johann Georg IV. ein-mal selbst zu seiner Geliebten geäußert: „Billchen, es wäre mit unsrer inclination nicht so weit kommen, wenn nicht deine Mutter getan: die ist capable, einem alles zu überreden." Sibylle war ein, was Sinnenreiz be-trifft, bildschönes Mädchen. Sie bezauberte durch ihre körperlichen Reize den Prinzen völlig; über ihre geringen geistigen Gaben sah er deshalb hinweg. Um ihretwillen vernachlässigte Johann Georg seine Gemahlin schändlich. Er erklärte Sibylle nicht allein zu seiner Favoritin — das erste Beispiel dieser Art in Dresden — und ließ sie durch den Kaiser zur Reichsgräfin von Rochlitz erheben, sondern ging sogar mit dem Gedanken um, ihr dann noch den Fürstentitel zu verschaffen. Noch mehr, er hielt die Rochlitz geradezu als Gemahlin linker Hand. Ob die Kirche ihren Segen zu diesem Bunde gegeben hat, ist allerdings ungewiß. Dagegen wissen wir, daß Sibylle Johann Georgs Nebengattin und im Besitze eines Eheuer-sprechens von ihm war. Wir lesen darüber bei Behse:

Das Merkwürdigste aber war, daß er ihr ein ausdrücklich vor seine Vermählung mit der brandenburgischen Prinzessin zurück datiertes schrift-liches Eheversprechen an Eidesstatt ausstellte und sie darin zu seiner zweiten

Gemahlin erklärte. Dieses merkwürdige Dokument, das der Kurfürst dem Fräulein Neitschütz eigenhändig ausstellte, und das Böttiger in seiner sächsischen Geschichte hat abdrucken lassen, hebt so an:

„Kund und zu wissen, daß ich solches für eine rechte Ehe halte und erkenne, indem jenes nur eine zugesetzte Sache von der Kirche, dieses aber eben so viel ist; sollte also Gott uns in solchem diesen Ehestand segnen, so bekenne frei vor männiglich, daß solche vor meine rechte und nicht unrechte Kinder zu halten sein; um aber keine Zerrüttung und Streitigkeit in dem Kurhause anzufangen, sollen diese meine rechte Kinder keinen Teil an denen Landen und Kurwürden haben und allein diese meine Ehefrau Gräfin und sie Grafen genannt werden." — — „Ferner auch will ich mir ausgenommen haben, frei zu sein, noch eine Frau zu nehmen, und zwar von gleichem Geblüt mit mir, welche den Namen vom Kurfürst führen und ihre durch Gottes Gnade von mir zeugende Kinder die rechtmäßigen Erben dieser Kur und Lande sein sollen — indem keineswegs in der hl. Schrift zwei Weiber zu haben verboten, sondern Exempla anzuführen wären, worinnen es selber von unsrer Kirche zugelassen — ferner habe auch gebeten, solche Schrift niemanden zu weisen, es sei denn höchst nötig" usw.

Um das Volk zu beschwichtigen und den delikaten Punkt nur überhaupt zur Sprache zu bringen, wurde eine Schrift in Umlauf gesetzt, die den Titel führte: „Liebe zwischen Prinz Herzmuthen und Fräulein Theonilden." Diese Schrift ist ein gereimter Briefwechsel im Hofmannswaldauschen Bombaststile, darin der Prinz und das Fräulein und des Prinzen Gemahlin, die als „Patientia Victrix" figuriert, sich über die Polygamie, aber höchst vorsichtig und bemessen, unterhalten. Hinter dem Poem stand ein Schreiben in Prosa, das dieselbe Materie, aber ebenso höchst vorsichtig und bemessen aus dem Rechtsstandpunkte behandelte.

Sibyllens Mutter hatte nämlich, als sie ihre Tochter dem Kurprinzen zuführte, das damals frische Beispiel der Maintenon als Gemahlin Ludwigs XIV. ins Auge gefaßt. Sie wollte so hoch wie möglich mit ihrem Kinde hinaus.

Die Kammerjungfer der Gräfin, Elisabeth Nitsche, sagte später aus: Als die Gräfin schwanger gewesen, hat sich der Kurfürst im Kopf gekratzt und zu mir gesagt, daß dies Kind heimlich sollte aufgezogen werden; die Generalin aber hat gemeint, sie gebe ein solches Kind „der Canaille" nicht in die Hände; der Kurfürst solle es machen wie der König in Frankreich. Die Generalin habe zur Gräfin gesagt: „Der Kurfürst muß dich vor seine Frau halten, du mußt es ihm sagen, Er muß alles tun, was du haben willst, es ist nur um einen Sturm zu tun, sonst werden dich die Leute für seine H... halten." Diese würdige Mutter begleitete ihre Tochter, wenn sie des Abends zu dem Kurfürsten aufs Schloß ging, und ließ sie daselbst; sie setzte sich, nach eigner wörtlicher Aussage, wenn die Tochter beim Kurfürsten im Bett lag, vor dasselbe, „und segnete dasselbe beim Abschiede mit gemachten Kreuzen ein."

Die Freude dauerte aber nicht lange, denn Sibylle starb plötzlich zu unsäglichem Schmerze des Kurfürsten am 4. April 1694 an den Kinderblattern, noch nicht 20 Jahre alt.

Der Kurfürst war untröstlich und konnte sich von der Leiche kaum trennen, drum kam er immer und immer wieder zu ihr zurück und ließ sie erst am achten Tage nach dem Tode und zwar mit dem denkbar höchsten, fürstlichen Pompe begraben — hinter dem Altar der Sophienkirche, also der Hofkirche.

Johann Georg wurde aber das Opfer seiner übergroßen Zärtlichkeit für die geliebte Leiche. Er war von ihr angesteckt worden, erkrankte und starb sehr plötzlich schon am fünfzehnten Tage nach dem Begräbnis der Gräfin ihr nach, am 27. April 1694, abends 6 Uhr.

Sobald der Kurfürst die Augen geschlossen hatte, ließ sein Bruder Friedrich August das Neitschützsche Haus mit acht Mann Wache besetzen.

Es war natürlich, daß die doppelte, so schnell aufeinanderfolgende Katastrophe das Volk, das schon durch das ungewöhnliche Verhältnis des Kurfürsten zu der Gräfin Rochlitz im hohen Grade aufgeregt war, in die höchste Erschütterung versetzte. Der abergläubische Geist des Zeitalters griff zu dem gewöhnlichen theologischen Auskunftsmittel, der Zauberei den traurigen Todesfall des Kurfürsten zuzuweisen. Er sollte behext worden sein, und der Hexenprozeß wurde wirklich gegen die Neitschützsche Familie eingeleitet.

Ganz eigentümlich ist, daß damals, wo in Dresden alles in Bewegung und Alarm war, auch noch ein Geisterspuk hinzukommen mußte, um auf die Gemüter zu wirken. Ich meine die Sage von dem Dresdner Mönche, die in jenen Tagen zum erstenmal auftauchte. Wie in Berlin bei dem Religionswechsel des Kurfürsten Johann Sigismund 1613 die weiße Frau zum erstenmal spukte, so spukte auch in Dresden zum erstenmal das furchtbare Mönchsgespenst kurz vor dem Tode Johann Georgs IV. Dieser Dresdner Mönch war der Sage nach ein ehemals unschuldig Geköpfter, er erschien, wie der h. Dionysius, mit dem Kopfe unter dem Arme und ging (ce n'est que le premier pas, qui coûte) mit einer brennenden Laterne in der Hand des Nachts auf den Wällen der Festung herum, er spukte hier, indem er die Schildwachen neckte und sonst des Unfugs mehr trieb. In einem alten Manuskript aus jener Zeit heißt es: „Den 22. April 1694 (also sechs Nächte vor dem Tode des Kurfürsten) ist es sehr unheimlich im Schlosse gewesen und hat sich der Dresdner Mönch als Anzeige eines hohen Todesfalls sehen lassen." Man kann nicht in Abrede stellen, daß solche Anzeigen ihr Bedenkliches haben: die Anzeiger sind, wie man recht wohl weiß, angestellte Leute, die das Publikum auf das Eintreten eines Ereignisses geheimnisvoll vorbereiten sollten, das man selbst zwar unnatürlich, aber nicht widernatürlich herbeiführte.

Umstände ganz bedenklicher Art werden allerdings über das plötzliche Ende Johann Georgs IV. berichtet. Es sind Umstände, die wieder darauf hindeuten, daß Johann Georg IV., wie sein Vater, eine Beugung des Adelsregiments im Sinne gehabt habe, aber, weil er sich, wie jener nicht in Respekt setzen können, daran gescheitert — ja vielleicht geopfert worden ist. Die oben angeführte alte Nachricht bei Büsching drückt sich über den Tod Johann Georgs IV. so aus: „... Der Kurfürst erbte der Gräfin Rochlitz' Krankheit und ward daran zu Moritzburg bettlägerig. Nun ließ es sich mit derselben so glücklich an, daß an einem Morgen die meisten Medici und hohen Bedienten von Moritzburg zurückkamen und alles mit der guten Zeitung, daß der Kurfürst außer Gefahr sei, erfülleten. Um den Mittag kam die unangenehme Botschaft, der Kurfürst sei von einem plötzlichen Zufall ergriffen worden und liege in dem Letzten. Jedermann, sonderlich die Medici, konnten nach dem Zustand, worin sie den Kurfürsten verlassen, nicht begreifen, wie es zugehe, und die bei der Wiederkunft etwas vermerket, wollten lieber ihre Gedanken bei sich behalten. So viel ist unter der Hand kund worden, daß einer der ältesten Gesellen in der Schloßapotheke, und welcher die letzten Arzneien vor den Kurfürsten zugerichtet, von dem an, da das Gerücht von des Kurfürsten letztem Übelbefinden erschollen, sehr unruhig gewesen, auch des folgenden Tages an seinen Beichtvater geschickt, mit teurester Bitte, er wolle zu ihm kommen, weil er ihm etwas Wichtiges, seine Seele betreffend, zu vertrauen habe, und als derselbe außenblieben, in der Nacht sich verloren, auch erst zwei Tage hernach tot in der Elbe wieder gefunden worden."

„Der ungleiche Verdacht wurde bei denen mächtig genähret, welche wußten, wie stark der Kurfürst auf die Einführung der allgemeinen Akzise im ganzen Lande und einer Pflanzung reformierter Flüchtlinge zu Torgau mit völliger Freiheit gedrungen, deren eines aber dem Adel, das zweite der Geistlichkeit höchst zuwider gewesen.... Kurz dieser Herr, dem die gütige Natur viel herrliche Gaben usw. verliehen, daneben aber auch in solche Gebrechen fallen lassen, wodurch er die meiste Frucht seiner Verdienste verschüttet oder verderbet, dieser Herr, sage ich, starb in dem Frühling seiner Jahre, in Zweifel lassend, ob nicht auch böser Menschen Hand an der Verkürzung seines Lebensfadens geholfen, ohne daß an die hie und da hervorgebrochenen Anzeigen sich jemand gekehret, noch er auch von denen, so ihn im Leben hochgehalten, wäre bedauert worden."

Die Landstände äußerten selbst in ihrer Präliminarschrift vom 7. Dezember 1694: „Es wolle verlauten, es sei durch allerhand böses Beginnen und boshaftes Vornehmen gottloser Leute der so betrübte Tod des Kurfürsten veranlaßt worden."

Gewiß war es eine der interessantesten Fügungen, daß ein Fürst, wie August der Starke, der sein Lebenlang vor Hexen und Gespenstern sich nicht gefürchtet hat und der weit eher geneigt war, an eine Allmacht des Liebeszaubers zu glauben, gleich zu Anfang seiner Regierung einen Hexenprozeß übernehmen mußte, um die Ehre seines Bruders zu retten, sobald dieser die Augen geschlossen hatte. Aber die allgemeine Stimme sprach gegen die vom Volke aufs tiefste gehaßte Neitschützische Familie zu mächtig; August mußte sich ihr fügen.

Die Gräfin Rochlitz war sehr reich gestorben. Sie und ihre Mutter hatten die wenigen Jahre ihres Regiments sehr trefflich zu benutzen verstanden. Nicht nur der Kurfürst hatte ihnen Güter und Häuser, Geld und

Juwelen geschenkt, sondern auch alle, die Ämter und Stellen finden wollten, hatten den Damen ihre Aufwartung machen und Geschenke zurücklassen müssen. In den Untersuchungsakten wird die Generalin der „Concussionen, Bestechungen und Gelderpressungen" angeklagt, ja sie sollte sogar zum Schatze des Kurhauses Sachsen gehörige Juwelen und Perlen entwendet haben. Man fand bei ihrer Arretierung allein sechs Tonnen Goldes.

Der Hexenprozeß, der gegen die Mutter der Gräfin Rochlitz eingeleitet wurde, ging auf die doppelte Beschuldigung, daß sie den Kurfürsten Johann Georg III. durch Zauberei ermordet, um den Kurfürsten Johann Georg IV. zur Regierung zu bringen und diesen durch Zauberei verliebt gemacht habe. Von Johann Georgs IV. Vergiftung war die Rede nicht, der Hexenprozeß lenkte vielmehr davon die Aufmerksamkeit ab.

Im Laufe dieses doch gewiß delikaten Prozesses kamen Dinge zur Sprache, die den verstorbenen Landesherrn nicht wenig bloßstellten, ihn in der Achtung gewaltig heruntersetzten.

Der Prozeß wurde nicht bloß gegen die lebende Mutter eingeleitet, sondern auch sogar gegen die verstorbene Tochter. Noch im Tod sollte die Zauberrin bestraft werden.

Mitangeklagt wären mehrere „Zauberweiber", nämlich die Burmeisterin, die „Hexe Margarete" aus dem Spreewald, die Traummarie und vier andere, als Hauptzaubermeister galt der Dresdner Scharfrichter Melchior Vogel. Diese allesamt unterzog man der Folter, mehrere davon bis zum dritten Grade; einige starben im Gefängnis an den Folgen der Tortur. Merkwürdiger Unsinn und Unfug kam in diesem über Jahr und Tag verhandelten Prozesse mit etwa 40 Zeugen zur Sprache. Die Generalin Reitschütz liebte unter ihren Stuhl genagelte Fledermausherzen und trug ihr Spielgeld in einem aus Fledermaushäutchen gefertigten Beutel; beides sollte ihr zu Spielgewinnen verhelfen. Der Scharfrichter sollte ihr einen Diebesdaumen vom Galgen geliefert haben, auf daß sie weiteres Glück in ihren Unternehmungen habe. Sie und ihre Tochter Sibylle hätten zur Entflammung der Liebe des Kurfürsten allerhand Zaubermittel gebraucht. Sibylle hatte ein Zauberband aus ihren und Johann Georgs Haaren am Leibe getragen. Ein Amulett von Stücken aus ihrem und seinem Hemde hatte sie in eine Schachtel eingesiegelt, am Karfreitage in die Bartholomäuskirche getragen und heimlich, als man die Passion sang, auf den Altar gesetzt, um den Segen darüber sprechen zu lassen. Die Adlerswurzel und das Zauberkraut Moly (dasselbe Kraut, das einst Gott Hermes dem Odysseus gegen den Zaubertrank der Circe gegeben hatte) hatten ihr geholfen, den Kurfürsten durch Einräucherung an sich zu fesseln, und dem Besitzer der Marienapotheke, Sartorius, wäre es beinahe übel ausgegangen, daß er derartige Kräuter an die Generalin und deren Tochter geliefert hatte.

Den Tod Johann Georgs III., des Vaters von ihrer Tochter Geliebten, sollte die Generalin wie folgt herbeigeführt haben; wir lassen Behse berichten:

Ein Wachsbild des Kurfürsten, eine Hand lang, sollte an einem Spieße bei langsamem Feuer gebrannt worden sein. Die Aussage einer niederen Vertrauensperson der Generalin, der Krappin, ward als Unterlage gebraucht. Sie sollte einige Tage nach des Kurfürsten Tode zu der Oberstwachtmeisterin Anna Margareta von Dranborf gekommen sein und ihr händeringend geklagt haben: „sie sei diejenige, die den Kurfürsten ums Leben gebracht; die Generalin habe sie dazu beredt, damit der Kurprinz zur Regierung komme; sie habe es durch eine Hexe, namens Margareta, bewirkt." „Wir haben ihn", so lautete ihre Aussage, „in Feuer getötet: es kränkt mich nichts so sehr, als daß er sich so quälen müssen, er mußte sich wie eine Made winden, ich sehe ihn noch vor meinen Augen, sein Herz hat in seinem Leibe gebrannt wie ein Licht; wir haben nicht den Leib, sondern den Geist getötet, dabei er eine Mattigkeit gefühlt und sich nach und nach verzehren müssen. Sie wüßte, daß sein Herz im Leibe ganz verzehrt und weil gewesen sein müsse." Alle diese Umstände deuten eher auf eine Vergiftung — eine Todesart, die damals nach dem Unterrichte, den man durch die Reisen nach Italien bekommen — an vielen Höfen gar nicht ungewöhnlich war. Die Krappin sowohl als die Hexe Margarete haben unter der Tortur übrigens alles ins Leugnen gestellt, ebenso die Generalin, gegen die die Richter übrigens die peinliche Frage, und zwar unter der Schärfe auf folgende Punkte haben gerichtet wissen wollen:

„Ob sie nicht eine Hexe sei und sich der Zauberei befliffen. Von wem, auch wie und was Maße sie solche erlernet. Wer ihr hierzu sonderlich und vornehmlich Anleitung gegeben. Ob sie nicht weiland Kurfürst Johann Georg III. glorwürdigen Andenkens durch Zauberei getötet oder töten lassen. Wie und auf was Maße es eigentlich damit zugegangen. Ob sie nicht diese erschreckliche Tat in dem Absehen und zu dem Ende vorgenommen, damit, wenn S. Kurf. Durchl. aus dem Wege geräumt, ihr Ehemann bei des Herrn Successoris Kurfürst Johann Georg IV. Kurf. Durchl. wiederum in Dienste und sie beiderseits Gnade erlangen möchten. Ingleichen, daß sie an S. Kurf. Durchl. Johann Georg III. sich rächen und die zwischen Höchstgedachten Kurf. Johann Georg IV. Kurf. Durchl. und ihrer Tochter angesponnene Liebe freier fortgesetzt werden könnte."

Über die Folterung der Generalin, die deshalb bemerkenswert ist, weil man die Tortur bei hochgestellten Personen nur sehr selten anwendete, und über ihr weiteres Schicksal weiß Behse anzugeben:

Der Frau Generalleutnantin wurden die Daumenschrauben zuerkannt, sie soll auch den ersten Grad der Tortur, und zwar mit einer großen Standhaftigkeit ausgehalten haben. Sie suchte später die Spuren des Schnürens an ihren Armen der Beobachtung zu entziehen und trug, sagte man, immer Handschuhe. Ihr Prozeß ward später, als die Volkswut sich abgekühlt hatte, niedergeschlagen, und so ist sie im Jahre 1713, dreiundsechzig Jahre alt, ruhig auf ihres Sohns, des Generalmajors Rudolf Heinrich von Neitschütz, Gute Gaussig bei Bautzen gestorben.

Sibyllens Leiche hatte man am dritten Tage nach Johann Georgs Tode, am 30. April 1694, aus der Hofgruft der Sophienkirche ausgraben lassen, um sie, „der gebrauchten Zaubermittel halber", genau zu untersuchen. Verdächtiges nach heutigen Begriffen fand man selbstverständlich

nicht, doch erachtete man es damals für belastend, daß die Leiche ein Armband von Haaren des Kurfürsten trug. Der Aberglaube jener Zeit ging
nämlich so weit, daß man wähnte, ein solches mit einer Leiche zugleich
verwesendes Armband übe auf die überlebenden Angehörigen verderblichen
Einfluß aus. Trotzdem legte man es dann wieder in den Sarg. Weiter
weiß Behse mitzuteilen:

Ein Galanteriering mit der Legende (Umschrift): „Mon amour est tout
pour vous", den man auch fand, ward dagegen für ungefährlich erachtet....
Der Leichnahm ward nun — zur Strafe der verübten Zauberei — auf dem
freien Platze außerhalb der Sophienkirche unmittelbar hinter dem heimlichen
Gemach der Sakristei eingescharrt.

Über den Eindruck, den dieser Prozeß auf ihn gemacht hat, sagt ein
sonst aufgeklärter Mann, der Festungsprediger Hasche, der etwa 100 Jahre
später die Akten durchsah, in seiner diplomatischen Geschichte Dresdens: „Liest
man das aus zwölf Bogen bestehende Urtel des Schöppenstuhls zu Leipzig
und der damit vereinigten Juristenfakultät, so kann man sich kaum enthalten,
die Zauberei für gewiß zu glauben, so wahrscheinlich haben sie alles nach
den Akten und nach der unter der Tortur erhaltenen Aussage der Gravierten
gestellt."

Zum Schlusse dieser Darstellung, die in ausführlicher Breite
auch hier Platz fand, weil sie bemerkenswerte Aufschlüsse über die
Atmosphäre gibt, in der sich der junge Kurfürst Friedrich August
bewegen mußte, bemerkt Behse sehr mit Recht:

Den wirklichen Hauptverbrecher in der ganzen Reitschützschen Sache fand
August der Starke aber allerdings aus: es war der Kammerdirektor
und Geheime Rat Ludwig Gebhard von Hoym, seit 1676 von Kaiser
Leopold zum Edlen Panner- und Freiherrn erhoben, gesessen auf Droyßig in
Thüringen, auf Hoym und auf Kirch- und Burgscheidungen, der Ahnherr
der jetzt ausgestorbenen Grafen von Hoym, ein Mann, der ungemein hoch
in der Gunst Johann Georgs IV. gestanden hatte. ... Der Kammerdirektor
Hoym hatte unverschämt unter der Ägide der Damen Reitschütz im Lande
geplündert. Unter seinen Papieren fand man unter andern ein Buch auf,
das die seltsame Bezeichnung hatte: „Verzeichniß derer, so mir haben
ducken müssen." Was Hoym unter dem „Ducken" verstand, ergab sich aus
dem Namen seines Landesherrn, der sich selbst mit in dem Verzeichnisse
fand. Hoym mußte am 15. August 1694 als der erste in der langen
Reihe von Staatsgefangenen, die unter dem starken August auf die Festung
geschickt wurden, die Wanderung nach dem Königstein antreten. Hier saß
er anderthalb Jahre bis zum 20. März 1696, wo sein Prozeß gegen
Zahlung von nicht weniger als 200 000 Talern niedergeschlagen wurde....

Sein Sohn, der unter Augusts Regierung Minister war und die
Einführung der Generalakzise unter großen Wiberständen der Stände, vor
allem des Adels bewirkte, war der Gatte der unter dem Namen Gräfin
Cosel von allen Gunstbamen Augusts am bekanntesten gewordenen und ein-
flußreichsten Mätresse des Königs und Kurfürsten.

Zweites Kapitel.

Augusts Personalien — Sein Aussehen — Warum er „der Starke" heißt — Reisen und Abenteuer — Teilnahme an verschiedenen Feldzügen — Vermählung mit Christine Eberhardine von Baireuth — Freundschaft mit Kaiser Joseph I. — Zwei Türkenkriege — Die „Eisenhand" — Bewerbung um die polnische Königskrone — Glaubenswechsel — Eindruck in Sachsen — Zusicherung der Religionsfreiheit für Sachsen — Königswahl in Warschau — Eine teure Geschichte: Die käufliche Krone! — Einzug und Krönung in Krakau — Polnische Aussichten und Zustände.

August der Starke hatte — wir lassen hier Behse eine längere Weile zu uns sprechen — „als er zur Regierung kam, die große Welt, den von dem großen Zentrum der neuen Hofkultur Ludwigs XIV. in Versailles aus an alle europäische Höfe verbreiteten Glanz und alle damit verbundenen Freuden und Lustbarkeiten der damaligen Machthaber vollständig kennen gelernt. Er hatte vom Mai 1687 an in seinem siebzehnten Jahre eine große, über zweijährige europäische Tour durch Deutschland, Frankreich, Spanien, Portugal und Italien gemacht. Er reiste unter dem Namen eines Grafen von Meißen in Begleitung seines Hofmeisters, des niedersächsischen Edelmanns Christian August von Haxthausen, seines Lieblings Friedrich Vitzthum als Page und des Magisters Paul Anton, später Professor zu Halle, eines bekannten Pietisten als Reisepredigers, von dem ein Bericht über die Reise erhalten ist. Sie ging über Frankfurt am Main nach Paris, wo August bis zum September 1687 blieb,*) am letzten Tage dieses Jahres kam er nach einer bedenklichen Krankheit in Bayonne zu Madrid an, wo er einen Monat blieb, den 19. Februar 1688 erreichte er Lissabon, am 1. März machte er den Rückweg über Madrid und Paris; hier blieb er nochmals vom Mai bis Anfang November. Sodann ging die Reise über Lyon nach Turin, Genua, Mailand, Venedig und Florenz. Hier traf ihn, als er

---

*) Damals lernte ihn die Herzogin Elisabeth Charlotte kennen und schrieb unterm 19. Juli über ihn: Ich kan noch nichts recht von selbigen printzen sagen, er ist nicht hübsch von gesicht, aber doch woll geschaffen undt hatt all gutte minen, scheint auch, daß er mehr vivacitet hatt, alß sein herr bruder, und ist nicht so melancolisch, allein er spricht noch gar wenig, kan alßo noch nicht wißen, was dahinder steckt, aber soviel ich nun judiciren kan, so hatt er nicht soviel verstandt. . . . (A.)

im Begriff war, nach Rom zu reisen, der Heimruf seines Vaters wegen des ausgebrochenen Krieges mit Frankreich.

August war von der Natur mit einer überstarken Sinnlichkeit, einer ungemeinen Lebhaftigkeit und einer wahrhaft herkulischen Körperkraft bedacht. Schon seine äußere Erscheinung war ungewöhnlich stattlich und wahrhaft imponierend. Man hat die Bemerkung gemacht, daß sein Bildnis, wie es mehrere auf ihn geschlagene Medaillen zeigen, auffallend an die schöne jugendliche Büste Goethes erinnert. Er hatte sich frühzeitig im Reiten, Fechten, Schießen, Tanzen, Ringelrennen, Fahren mit sechs Pferden, Ballonschlagen, Fahnenschwingen und andern damals üblichen ritterlichen Künsten versucht und übte diese Künste mit Vorliebe sein ganzes Leben hindurch. Er besaß eine solche Riesenstärke, daß er Hufeisen zerbrechen und silberne Becher und Teller und sogar harte Taler in der Hand zusammendrücken und einrollen konnte. Im Nürnberger Zeughaus zeigte man eine Kugel mit einem Ring, 375 Pfund schwer, die er mit einer Hand fast zwei Spannen in die Höhe gehoben hatte, vier der stärksten Arbeiter konnten sie kaum einen Zoll hoch bewegen. Man sagte, um diese Löwenstärke zu deuten, er habe in seiner Jugend Löwenmilch getrunken. Man nannte ihn nur den sächsischen Herkules und Simson. Mit Bewunderung hatte man ihn überall gesehen und empfangen. Der Ruf von seinem Mut, seiner persönlichen Tapferkeit, seinem ritterlichen Sinn, seinen vollendet vornehmen Manieren ging vor ihm her durch ganz Europa. Noch in seinem Alter, in seinem achtundfünfzigsten Jahre, als ihn die berühmte Memoirenschreiberin, die Markgräfin von Baireuth, im Jahre 1728 sah, beschreibt sie August als einen Mann von majestätischer Haltung und Gesichtszügen, „alle seine Handlungen“, sagt sie, „drückten Güte und Höflichkeit aus, er wußte jedem etwas Angenehmes zu sagen.“ Sein Geist war vielseitig, gewandt, er erhob sich frühzeitig aus der Umhegung, in der die beschränkte und rohe Erziehung, die allgemein in Deutschland herrschte, die deutschen Fürstensöhne so lange Zeit niedergehalten hatte und noch niederhielt. August strebte nach einer feineren und umfassenderen Bildung. Er zuerst unter allen sächsischen Fürsten entledigte sich der althergebrachten Fesseln des deutschen Erbfehlers, der Unbehilflichkeit der Form. Er ging feineren und geistigeren Vergnügungen nach, als seither das plumpe Zechen und Jagen, das er freilich auch noch und sehr stark trieb, gewährt hatten. Die Schönheit ward seine Göttin, er wandte sich ihr mit aller stürmischen Liebesleidenschaft einer heißen Jugendkraft zu. Sie führte ihn freilich sehr weit, ja zu weit. Die öde Unfreiheit des Geistes, deren Gepräge die bisherige Weltbildung an sich getragen hatte, schlug in August zu jenem ungezügelten Übermaße der Freiheit um, deren traurige Konsequenzen jene durch die starken Liebes- und Ehrgeizbedürfnisse veranlaßten Geldverschwendungen waren, die sein Land erschöpft haben. Eine solche Reaktion mußte aber mit Naturnotwendigkeit früher oder später eintreten. In August dem Starken vollzog sich diese Naturnotwendigkeit, in ihm stellte sich der Übergang dar von der alten unfreien, trotz allem Einschlag von Theologie in Roheit, plumpe Schwelgerei und krassen Aberglauben versunkenen Zeit zu einer neuen, freieren und gebildeteren, aber auch raffiniert sittenlosen Zeit. Wie tief August der Starke in den Venusberg zu Paris hineingestiegen sei, deutet eine Stelle an in einem Briefe des englischen Gesandten Mr. Stepney gleich zu Anfang seiner Regierung (aus Dresden den 14. März 1695 an Lord Lexington), wo es heißt: „Der Kurfürst kann sich an irgendeine regelmäßige Lebensart gar nicht gewöhnen, und wird bei dieser Art zu leben untergehen" und noch deutlicher eine Stelle in einem Briefe der Herzogin von Orleans vom 9. Dezember 1719, wo sie sich so ausläßt: „Frankreich hat dem sächsischen Kurfürsten abscheulich geschadet, mein guter Freund E. A. von Harthausen hat mir das oft mit Tränen geklagt, daß sein Prinz zu Paris so unbändig geworden, daß er nicht mehr mit ihm zurechtkommen könne. Sobald junge Kinder in die Debauchen fallen, ist ihnen kein Laster zu viel, wo sie nicht in fallen und werden recht bestialisch."

August der Starke bildete sich auf seiner großen europäischen Tour zu dem vollendeten Repräsentanten dieser neuen raffinierten und über die Maßen ausschweifenden Galanterie aus. Er zerbrach die Herzen der Damen, wie er die Hufeisen zerbrach. In Venedig, damals der hohen Schule der Weltleute, verweilte er, von verschwiegenen Barkarolen bedient, tagelang in den Kirchen, um nach den feststehenden Regeln der italienischen Galanterie die Töchter der Nobili zu gewinnen, die in den Klöstern auf den Inseln Murano und S. Giorgio außerhalb kirchlicher Zucht als Nonnen ohne Schleier mit dem Titel Eccellenza lebten. In Spanien bestand er

ähnliche Abenteuer und noch weit gefährlichere, er entging aber
immer glücklich, unter andern bei einem heimlichen Besuche der
Marchesa Manzera, den Dolchen, die die eifersüchtigen Dons für
ihn geschliffen hatten.

Nach Rückkehr von diesen Pariser, Venediger und Madrider
Abenteuern einer über zweijährigen Reise machte August in den
Jahren 1689 bis 1691 mit seinem Vater dessen letzte drei Feld-
züge gegen die Franzosen am Rheine mit, wo er wieder eine
„Wolke der galantesten Lebeleute" traf, sich an den größten Aus-
schweifungen beteiligte, spielte und sich im Spiele betrügen ließ.

Nach dem Tode seines Vaters lebte August zumeist in Wien.
Er nahm nämlich trotz seiner loceren Sitten großes Ärgernis an
der Rolle, die sein Bruder seine Mätresse, die Rochlitz, in Dresden
spielen ließ. Bei einem Besuche am Berliner Hofe lernte er
seine spätere Gemahlin, die Prinzessin Christine Eberhardine,
Tochter des Markgrafen von Brandenburg-Baireuth, kennen, mit
der er am 18. Januar 1693 in Baireuth das Beilager hielt.
Am 17. Februar folgte der feierliche Einzug des neuvermählten
Paars in Dresden. „Wessen sich aber", so schreibt Friedrich Förster,
„die junge Gemahlin von ihrem Eheherrn zu versehen gehabt,
soll sie schon damals auf der Reise bemerkt haben, da ihr Gemahl
mit untergelegten Postpferden und Mätressen, welche auf jeder
Station gewechselt wurden, gereist sein soll".*)

Auf dieser Reise soll August in Nürnberg übrigens eine absonderliche
Probe seines Muts und seiner Geschicklichkeit gegeben haben, indem er mit
sechs Pferden in den Rathauskeller oder Herrenkeller hineinfuhr, eine an
dessen äußerstem Ende stehende Kerze mit der Pistole ausschoß und im
Galopp wieder hinausfuhr. Dadurch habe er sich einen Ruf zugezogen,
gleich dem, den sich Faust in Auerbachs Keller erworben hatte.

In Wien hielt Friedrich August mit dem nachmaligen Kaiser Joseph I.,
einem „gewaltig galanten Herrn", engste Freundschaft, vergleichbar mit
der Busenfreundschaft seines Vorfahren, des Kurfürsten „Vater" August,
mit dem Kaiser Maximilian II.

Schon im Sommer nach seiner Verheiratung machte Friedrich August
wieder den Feldzug am Rheine mit. Im Oktober darauf reiste er wieder

*) Am 23. September 1692 hatte Elisabeth Charlotte geschrieben: „Man
sicht wenig männer, so sich von ihren weibern corigiren laßen, also glaube
ich nicht, daß prinz Friberiches zukünfftige gemahlin J. L. corigiren wird."
Und am 26. März 1692 meinte sie: „Hertzog Fribrich aber, wenn er
fortfährt wie er ahngefangen, wirbt greulich brutal werden, undt ich fürchte,
daß unßer gutter Hartshausen keine ehre ahn seiner aufferzucht haben
wirbt." (A.)

zum Karneval nach Italien, besuchte Benedig, Rom und Reapel und kehrte über Wien am 18. Februar 1694 nach Dresden zurück. Am 18. April starb, „dem Volke wenigstens ganz unerwartet", sein noch ganz rüstiger junger Bruder Johann Georg IV., und Friedrich August war nun mit vierundzwanzig Jahren regierender Herr von Kursachsen.

Eine seiner ersten Regierungshandlungen war die Ernennung seines vortrefflichen Hofmeisters Christian August von Haxthausen zum Oberkammerherrn und ersten Minister. Der Sohn dieses Haxthausen, der am Hofe ebenfalls einen großen Stand hatte, hat uns ebenso umfangreiche, wie wertvolle Memoiren hinterlassen, die in den folgenden Darstellungen nicht selten zu Worte kommen werden.

Über das Leben des Kurfürsten in den nächsten Monaten und Jahren berichtet Vehse: „Bereits am 23. Mai 1694 erneuerte August das Bündnis mit Österreich, sowie den Beitritt zur großen Allianz gegen Frankreich. Im Januar 1695 hielt er seinen ersten prächtigen Karneval zu Dresden, zu dem Fremde aus allen Gegenden Deutschlands sich einfanden. Ehe er sich zu seiner ersten Türkenkampagne in Ungarn begab, besuchte er die Leipziger Messe und das Karlsbad, seine beiden Lieblingsorte, die er später wiederholt besucht hat.... „Der Kurfürst", schreibt der damalige englische Gesandte in Dresden, Mr. Stepney, Ende April 1695, „hat auf der Messe eine Menge Geschenke erhandelt für die, die ihm in diesen heiligen Krieg folgen.... Den 4. Mai geht er nach Karlsbad. Er nimmt mit sich seine ordentliche Mätresse Fräulein Klengel, seine außerordentliche, die Königsmark, und findet eine dritte dort zu seiner Disposition — Fräulein Altheim." Darauf berichtet der Gesandte, der dem Kurfürsten gefolgt war, weiter aus Karlsbad im Juni 1695: „Wir verbringen hier unsere Zeit, so lustig, als menschenmöglich. Wir haben ein Haus gebaut, das 2000 Gulden kostet und nicht länger dauern wird, als Jonas' Kürbis. Es ist von italienischer Erfindung, mit vier Retiraden, Halbdunkelplätzchen, Ruhebetten und allen andern beweglichen Gegenständen, die das Liebeshandwerk erleichtern. Wir haben von Dresden sechs Waggons voll von Lüstern und Spiegeln zur Ausschmückung des Gebäudes mit hergebracht und den 16. sollen wir eine Maskerade haben, worin die Königsmark die Diana vorstellt und, von sechs Nymphen gefolgt, auftritt. Ich kann nicht sagen, wem die Rolle des Aktäon zufallen wird, aber zu schwören wage ich, Hörner werden aufgesetzt werden, bevor die Nacht vorüber ist, denn ich verstehe, daß das die Hauptsache bei der Lustbarkeit ist."

Von Karlsbad begab sich August nach Teplitz, wo er am 12. Juni die 8000 Mann musterte, die er dem Kaiser zum Türkenkriege zuführte. Außerdem stellte er auch noch Truppen zum Krieg gegen die Franzosen am Rhein; im Jahre 1696 war deren Zahl mit den herzoglich sächsischen Truppen zusammen 7000 Mann.[*]

---

[*] Später, um die Unglücksjahre 1706 und 1707, trieb August geradezu Menschenschacher mit seinen Soldaten, seinen Landeskindern, und löste recht erhebliche Summen daraus, denen man den unschuldigen Namen „Subsidiengelder" gab. (A.)

Am 24. Juni 1695 war August in Wien mit einem Gefolge von 600 Personen und 700 Pferden. . . . Über seine dortigen Beschäftigungen schreibt der englische Gesandte Stepney an den Lord Lexington, der damals englischer Gesandter in Wien war, aus Frankfurt folgendes im Juli 1695: „Es ist mir leid, daß mein Kurfürst keinen beffern Zeitvertreib mit Euch finden kann, als Tanzen und Ballonschlagen. Ich hatte gehofft, er werde dies Faullenzerleben laffen und sich zu den Geschäften lehren, wenn er unter die Augen des Kaisers gekommen. Aber ich fange an zu glauben, er wird eine Billardtafel und ein Ballhaus mit ins Lager nehmen!" Und unterm 23. Juli schreibt er: „Fräulein Lambert ist ein hübsches Geschöpf, ich hoffe, sie wird ihn die Königsmark vergessen machen."

Nachdem August noch zum 26. Juli die Feier des Geburts-tags seines Herzensfreundes, des römischen Königs Joseph, ab-gewartet hatte, brach er am 28. Juli mit 24 Pferden nach Ungarn auf und übernahm hier den Oberbefehl der kaiserlichen Truppen. . . . . . Persönlich tapfer erwies er sich den Türken gegenüber; sie nannten ihn „die Eisenhand," wie sie Karl XII. von Schwe-ben den Eisenkopf genannt hatten. Der Feldzug, der ein Viertel-jahr dauerte, war aber ohne Erfolg.

Bereits am 23. Oktober war August wieder in Wien, zwei Monate wurden wieder mit „allerhand Lustbarkeiten und Jagden" verbracht und am 20. Dezember brach er zum Weihnachtsfest und Karneval nach Dres-ben auf.

Vom 21. bis 30. Januar 1696 war August in Berlin. Am 1. März erschien er wieder und diesmal incognito in Wien. Seine Generale schloffen hier einen Vertrag wegen Überlaffung von noch 4000 Mann Truppen zu den bereits in Ungarn stehenden 8000 Mann ab. August reiste am 20. März nach Dresden zurück. Schon am 2. Mai kam er wieder nach Wien, um die zweite Kampagne in Ungarn zu machen. Sie fiel noch un-rühmlicher aus, als die erste; die Türken erfochten am 27. August 1696 ben Sieg bei Olasch. August schob wieder, wie sein Vater, die Schuld auf die Eifersucht Capraras, legte aber das Oberkommando nieder. Bereits am 16. September kam er von diesem zweiten ungarischen Feldzug nach Wien zurück.

Die für August und Sachsen erfolgreichste Begebenheit war inzwischen eingetreten; am 17. Juni 1696 war das Wahlreich Polen durch den Tod König Johann Sobieskis erledigt worden, besselben Königs, der 1683 mit Augusts Vater Johann Georg III. so glorreich die Hauptstadt von Österreich entsetzt hatte.

Am 17. Oktober ward August auch der Erbe geboren; die Niederkunft und die Taufe am 21. Oktober erfolgten während seiner Abwesenheit in Wien. Erst am 7. Dezember 1696 traf August wieder von Wien in Dresden ein. Am 24. Dezember erschien der Kurfürst Friedrich III. von Brandenburg, der nachmalige erste König von Preußen, dort zum Besuche, wahrscheinlich wurde damals wegen der Übernahme der beiden Kronen von Polen und Preußen unterhandelt. August hatte nicht die Bedenklichkeiten, weder die religiösen noch die politischen, die ein Menschenalter früher den großen Kurfürsten von Brandenburg bestimmt hatten, die polnische Krone auszuschlagen. Nach Neujahr 1697 war wieder prächtiger Karneval bei Hofe. Hier verwundete sich August bei einem Turniere, wo er einen schweren Fall vom Pferde tat, am linken Beine und mußte deswegen das Zimmer hüten; die Verletzung ward der Anlaß zu seiner Liaison mit der Lubomirska, aber zuletzt der Nagel zu seinem Sarge. Am 26. Januar 1697 reiste der Kurfürst von Brandenburg wieder ab.

Am 5. März reiste der Kurfürst wieder nach Wien. Und hier war es nun, wo er, seinem großen Ziele näher zu kommen, der polnischen Krone, die auf kein protestantisches Haupt gelegt werden konnte, und deren Erwerbung ihm doch auch, wie hundert Jahre früher Heinrich IV. von Frankreich geschienen hatte, der Anhörung einer Messe wert war, den welthistorischen Schritt der Konversion tat. August der Starke trat am Pfingstfeste, den 2. Juni 1697, zu Baden bei Wien, wo er, um sein im vorigen Winter beschädigtes Bein zu kurieren, lebte, vorerst noch ganz im geheimen zur katholischen Religion über. Sein Bekehrer war sein Vetter Herzog Christian August aus der Nebenlinie Zeitz, der schon im Jahre 1689 heimlich, dann 1695 öffentlich übergetreten, zu Anfang des Jahres 1696 Bischof von Raab in Ungarn geworden war, der spätere Kardinal von Sachsen.

Die Nachricht von dem Übertritte des Kurfürsten erfüllte Sachsen mit Schrecken; die beiden Kurfürstinnen, Augusts Mutter Anna Sophia und seine Gemahlin Elisabeth Eberhardine, waren wie das Land eifrig lutherisch, Augusts Gemahlin weigerte sich später sogar, den Titel Königin anzunehmen, und hielt sich etliche Wochen lang in ihren Zimmern eingeschlossen; sie weigerte sich auch entschieden, ihrem Gemahl nach Polen zu folgen. Sie ist auch nie nach Polen gekommen. Der Kurfürst gab damals die bündigste Zusage wegen völliger Religionsfreiheit in Kursachsen durch das Mandat von Lobskowa, einem Lustschlosse bei Krakau vom 7. August 1697, er versicherte auch der Dresdner Deputation, die damals im September zu ihm nach Polen kam, diese seine Religionsveränderung sei nur „eine Personale". August hat seine Zusage, was die Religionsfreiheit betrifft, in der Hauptsache gehalten, teils aus Indifferentismus,*) teils weil die allgemeine Stimme zu sehr gegen Übergriffe war. Unter der Hand aber erlaubte er sich später vieles.

August der Starke hatte wegen der Nachfolge in Polen bei seinem wiederholten Aufenthalt in Wien den Kaiser und den bei ihm sehr einflußreichen ersten böhmischen Kanzler, Grafen Kinsky, ins Vertrauen gezogen und sie für sich gewonnen. Er war dann am 12. Juni 1697 von Wien wieder nach Dresden zurückgegangen, wo er am 15. eintraf. Mit ihm kam damals der Fürst Anton Egon von Fürstenberg aus Wien, der für Sachsen ausgewählte katholische Statthalter. Die für Polen bestimmten Truppen, 8000 Mann stark, wurden nun in der Lausitz, an der schlesischen Grenze zusammengezogen.

Der Kurfürst ging dann nach Breslau, hier erhielt er durch einen Kurier Flemmings die Nachricht, daß er in Polen zum König gewählt sei.

August hatte diesen seinen Vertrauten, den damaligen Dragonerobersten, nachherigen Generalfeldmarschall Grafen Flemming nach Polen entsandt, um die Wahl zu betreiben. Flemming hatte viele Verbindungen in Polen, seine Cousine war mit dem Krongroßschatzmeister Przebendowski, Kastellan von Culm, vermählt. Dieser hatte früher dem Kurfürsten bei einem Besuche in Dresden Hoffnung auf die Krone gemacht und unumwunden nur die eine Bedingung dabei gestellt, „daß man das Geld dabei nicht spare". August hatte acht bis neun Mitbewerber, darunter Jakob, den Sohn des letzten Königs Sobieski, und dessen Schwiegersohn, den Kurfürsten Max Emanuel von Bayern. Der wichtigste Mitbewerber war der von Frankreich aufgestellte Thronkandidat, Prinz Louis von Conti, ein Vetter Ludwigs XIV. Österreich, noch im Kriege mit Frankreich, schützte August. Jakob Sobieski bot den polnischen Wahlherren fünf Millionen Taler, Prinz von Conti bot durch seinen Gesandten Polignac zehn, ebensoviele mußte nun auch August bieten. Man kann allerdings sagen, daß der polnische Thron gleichsam verauktioniert ward. Die Wiener Jesuiten nahmen die Juwelen des Kurfürsten zum Pfande und eröffneten ihm einen Kredit bei ihren Ordensbrüdern in Polen. Flemming reiste mit den nötigen Papieren versehen nach Warschau. Doch schien die Wagschale sich für den Prinzen von Conti zu neigen, auf dessen Seite der Primas des Reichs, der geldgierige und durch und durch falsche Kardinal-Erzbischof von Gnesen Radzijowski stand. Flemming konnte nur den Vizeprimas, Bischof von Cujavien, Dombski gewinnen. Der päpstliche Nuntius Davia, der es mit Frankreich nicht verderben durfte und der doch auch dem Neubekehrten förderlich sein mußte, dazu August noch wegen Rettung eines Verwandten im Türkenkriege persönlich verpflichtet war, ergriff das Auskunftsmittel, sich unsichtbar

---

*) Bigotterie war Augusts geringster Fehler, wofür weiterhin noch einige Belege folgen werden. (A.)

zu machen. Der kaiserliche Gesandte, Graf Lamberg, der bekannte Kardinal-Bischof von Passau, erklärte, Österreich sei jeder recht, nur nicht Conti, und trat zuletzt ganz offen für Sachsen auf; er bestimmte zuletzt auch Davia, die Unterschrift des Bischofs von Raab im Attest darüber zu beglaubigen, daß August übergetreten sei.

Elf Tage nach dem Übertritt zu Wien beschwor August vorläufig die Pacta Conventa, die Wahlkapitulation der Polen, am 27. Juni 1697 erfolgte die zwiespältige Wahl auf dem Wahlfelde Wola bei Warschau. Es kam zur itio in partes. Der Primas wählte den Prinzen von Conti, der Vizeprimas August II. von Sachsen, nachdem Flemming noch auf dem Wahlfelde 1,800,000 Livres verteilt hatte.

Auf die Nachricht von dieser Wahl brach August in Begleitung seiner in Bereitschaft gehaltenen 8000 Mann nach Polen auf. Er ging von Breslau, wo er die Messe bei den Jesuiten hörte, nach Tarnowitz an der Grenze von Polen. Hier empfing ihn eine Deputation der Republik. . . . .

Von Tarnowitz ging August nach der Haupt- und Krönungsstadt Krakau, er bezog das durch das erwähnte Religionsversicherungsedikt für Sachsen vom 7. August 1617 berühmt gewordene Lustschloß Lobzkowa in der Nähe von Krakau; es lagerte bei ihm die Armee von 8000 Mann, die er aus Sachsen mitgebracht hatte. Er beschwor hier nochmals die Pacta Conventa.

Jetzt und zuvor schon hatte er die großartigsten Anstalten zur Krönung und zur Behauptung der Krone gemacht. Hierzu ließ er das Geld in Sachsen teils durch Einziehung und Kassierung vieler Stellen, teils durch eine damals angestellte scharfe Untersuchung der Rechnungen, die dem Statthalter Fürstenberg aufgetragen wurde, beschaffen.

Der glänzende Einzug in die Krönungsstadt Krakau, den Behse genau beschreibt, erfolgte am 12. September, einem Donnerstage. Im Zuge gingen unter anderen vierzig Kamele, mit Gold und Silber beladen.

Nun mag Behse wieder weiter erzählen: Am 13. September waren nach dem alten Brauche der Polen, kraft dessen den Tag vorher, ehe ein neuer König gekrönt wird, der Verstorbene zur Erde bestattet sein muß, die Exequien Johann Sobieskis im Dome zu Krakau; man konnte aber nur einen Paradesarg auf das Castrum Doloris stellen, weil die Leiche in Warschau war, die Contische Partei hatte den Plan gemacht, dieselbe zu stehlen, um so die Krönung zu verhindern. Bei dieser Feierlichkeit ward der Marschallsstab des alten mit Glorie in die Gruft gefahrnen Königs, seine Siegel und die Fahnen zerbrochen und in die Gruft geworfen.

Am 14. September war nach dem alten Brauche die Prozession zu den Reliquien des h. Stanislaus vor der Casimirs-Stadt, die der König „unter anderer Devotion geküsset".

Endlich am 15. September 1697 Sonntags brach der Tag an, an dem August die verhängnißschwere Krone der Jagellonen erhielt — mittags 1 Uhr im Dome, an dessen Eingang ihn der Bischof von Cujavien empfing und zu dem neben dem Altar aufgeschlagenen Thron führte. Lubomirski schritt als Kronmarschall mit schönem Marschallstabe vor ihm her, auch wurden Krone, Zepter, Schwert und Reichsapfel vorgetragen. Augusts Krönungsornat war nach eigner Erfindung deutschritterlich-römisch-polackisch. Er trug „einen Cuiraß", darunter „römische Schurzhosen", das römische Feldherrnunterkleid mit römischen Sandalen, „einen blausamtnen mit goldnen Blumen durchwirkten Mantel, der mit Hermelin gefüttert" war, und auf seinem Kopfe wehte auf dem Hut „über und über" ein Bukett weißer Federn. Der Diamantenschmuck dieser schweren Kleidung ward auf mehr als eine Million Taler geschätzt. Allerdings war die Toilette etwas komödiantenhaft gewählt, auch hatte die Komödie ein fatales Intermezzo. Es ward dem König so heiß bei der Krönung, daß ihn, nachdem er die Musik angehört hatte, und nachdem im Beginn des Hochamts das Kyrie eleison abgesungen worden war, eine Ohnmacht anwandelte. Merkwürdig genug geschah dies gerade, als der Bischof von Cujavien „die Profession", das Glaubensbekenntnis, ihm vorlas.

Der lesende Bischof hielt inne, man mußte dem starken König den vier Stunden lang bereits getragenen Küraß abschnallen; er legte dann das Bekenntnis ab, unterschrieb es, nahm das Abendmahl, ward vom Bischof von Cujavien gesalbt und gekrönt, der königliche Mantel ward ihm wieder umgegeben und das Zepter in die Hand gereicht. Darauf ward zu dreienmalen das „Vivat Rex!" ausgerufen, das Te Deum intoniert, während dem die Schloßheiducken auf dem Kirchhof Salve schossen und die Stücke um das Schloß, die Stadt, wie auch im Lager vor der Stadt gelöst wurden. Darauf wurde das Hochamt fortgesetzt, bei dem Meßopfer trat der König wieder zum Altar, und wieder wurde „Vivat Rex!" gerufen und die zweite Salve gegeben. Zuletzt erhielt der König den Reichsapfel, es ertönte zum drittenmal „Vivat Rex!", und die dritte Salve donnerte vor der Kirche, um Schloß und Stadt, im Lager. Noch im Pontifikalhabite, im weißen Chorhembe, das er nach der Salbung angelegt hatte, schritt August gegen 3 Uhr zurück aus der Kirche aufs Schloß, mit einem Mantel von Gold und Silberstück mit rotem Samt aufgeschlagen über diesem Chorhemb, auf dem Haupt die Krone, in Händen Zepter und Reichsapfel — vor ihm wurden die Fahnen der beiden Reiche Polen und Litauen hergetragen. Folgten die Gratulationen und das Krönungsmahl. August speiste mit dem kaiserlichen Botschafter, dem Bischof von Passau, der ihm wieder rechts an der schmalen Seite saß, ihm gegenüber saß der Gesandte Kurbrandenburgs von Overbeck. Die Senatoren, Landboten und Starosten speisten an zwei anderweiten langen Tafeln. Statt eines Krönungsochsen, wie bei der Kaiserkrönung in Frankfurt, verlangten und erhielten die Polen drei. Auf die Krönung folgte die Huldigung, bei der der Reichskanzler Graf Dönhof die lateinische Rede hielt. Der König trug hier wieder den Pontifikalhabit mit Krone, Zepter und Reichsapfel, vor und nachher aber ganz polnische Kleider, einen blausamtnen Pelz mit Goldstuck dubliert, einen Unterrock von Drap d'argent mit Diamanten reich garniert, auf dem Kopfe eine blausamte Mütze und in den Händen einen Streitkolben. — Die erste Regierungshandlung des neuen Königs war die Ernennung des Bischofs von Raab, seines Zeizer Vetters, zum Großkanzler. Demnächst berief August seine Truppen, die bisher gegen die Türken gefochten hatten, aus Ungarn nach Polen, und er verschrieb noch mehrere Truppen aus Sachsen.

Der dem König widerwillige Primus ward erst im Frühjahr des folgenden Jahres gewonnen: der Handel ward mit seiner Geliebten, der Kastellanin von Lenczig, in Diamanten abgeschlossen, August hatte auch die Nichte des Primas, die Fürstin Lubomirska, spätere Fürstin von Teschen, gewonnen. Prinz Conti, der mit französischen Schiffen Ende September 1697 bei Danzig gelandet war, konnte sich nicht behaupten, bei Oliva wäre er fast von Augusts Truppen gefangen genommen worden, am 9. November 1697 verließ er schon wieder Danzig. Am 15. Januar 1698 hielt August der Starke seinen glänzenden Einzug in Warschau.

Unter den vier Kronen, die innerhalb dreiundzwanzig Jahren vier deutschen Fürsten, August von Sachsen in Polen, Friedrich von Brandenburg in Preußen, Georg von Hannover in England und Friedrich von Hessen-Cassel in Schweden, zuteil wurden, war gewiß die polnische die sorgen- und unruhvollste. Einer so ritterlichen und tapfern, aber in dieser galanten Ritterlichkeit auch durch ihre Liederlichkeit vom sprichwörtlichen polnischen Reichstag bis zur sprichwörtlichen polnischen Wirtschaft herunter europäisch berüchtigten Nation, wie die Polen waren, einer Nation von Republikanern mit einem König, der nicht abdanken durfte, von Republikanern, die ihre Wahlstimmen wie Kaufmannsware ganz ungescheut öffentlich an den Meistbietenden verkauften und die von Banden zwar gut patriarchalisch behandelter, aber in der vollsten Geistesdumpfheit erhaltener Leibeignen umgeben waren, einer Nation endlich, die, während alle Nachbarnationen um sie herum ihre Landesverfassung und Landesverwaltung, Finanzen, Armee usw. zeitgemäß geändert hatten, steif und fest bei ihrer altväterischen Konstitution beharrte, die durch das Ny pozwalam jedem Reichstagsdeputierten die Sprengung des Reichstags erlaubte — einer solchen Nation war der ritterlich-galante, aber selbst nicht charakterstarke und durch den neuen Weltgeist Frankreichs nicht wenig debauchierte

August der Starke kein tauglicher Herr und König. „Armer Prinz,"
schreibt einmal der englische Gesandte Lord Lexington in Wien
in einer Depesche vom 19. Oktober 1697, „ich bemitleide ihn von
ganzem Herzen, denn er ist in den Händen von Leuten, die nur
suchen, ihren Raub von ihm zu ziehen, ohne einen Freund ihm
zur Seite zu haben*) oder nur einen Mann von Redlichkeit, Ehre
und Erfahrung; aber wenn jemand seine Religion um einen geringen Preis aufgibt, was kann er anders erwarten?"

August suchte die ritterlich-galante, aber feile und ewig unruhige Nation durch ihre eignen Sünden mit Geld und Intrigen
immer tiefer zu korrumpieren, um sie in der Abhängigkeit zu erhalten. Sein Hauptstreben ging vor allem darauf, das Wahlreich
in ein Erbreich zu verwandeln. Aber die Polen nötigten ihn, alle
sächsischen Truppen bis auf eine Garde von 1200 Mann auszu-
schaffen, schon 1699. Die öffentliche Meinung des Landes konnte
damals am allerwenigsten durch einen Herrn, wie August war,
zu dem gezwungen werden, was man später im Jahre 1791, wo
die Konstitution vom 31. Mai die Erblichkeit des Throns mit
der Aufhebung des liberum veto aussprach, freilich freiwillig tat.
August brachte die öffentliche Meinung in Polen gegen sich auf,
und damit war alles verloren.

Zur Erörterung der häufig aufgeworfenen Frage, was August überhaupt
veranlaßt hat, sich auf das von vornherein ungewisse polnische Abenteuer
einzulassen, wird weiterhin Gelegenheit sein, nämlich bei dem Versuche,
aus zeitgenössischer und neuerer Literatur ein möglichst deutliches Charakterbild zu zeichnen.

---

*) Haxthausen war schon 1696 gestorben.

Drittes Kapitel.

Augusts Versuch, sich in der Herrschaft zu befestigen — Krieg aller gegen einen: Karl XII. von Schweden — Bund mit Dänemark und Rußland — Brandenburg tut nicht mit — Karl besiegt einen Gegner nach dem andern — Karl mitten in Polen — August geht nach Sachsen — Wahl Stanislaus Leszczinskis zum König von Polen — Neue Rüstungen in Sachsen — Kein Geld mehr — Augusts Verzagtheit — Russische Truppen zum ersten Male auf deutschem Boden — Rückkehr Augusts nach Polen — Die folgenschwere Niederlage der Sachsen, Polen und Russen bei Fraustadt — Patkuls widerrechtliche Gefangennahme — Die Schweden in Sachsen — Kontributionen — Der schimpfliche Friede von Altranstädt — Frostige Zusammenkünfte Augusts und Karls — Auslieferung Patkuls an Karl — Patkuls schreckliches Ende — Patkuls Schatten — Anschläge auf Karls XII. Leben — Karls Abmarsch — Sein tollkühner Besuch in Dresden — Die ungeheuren Kosten der schwedischen Okkupation — Lustig gelebt trotz alledem! — Wieder in Polen! — Der ruhelose Herrscher eines unruhigen und eines überruhigen Volkes.

„Ein auswärtiger Krieg sollte helfen. August hatte in den Pactis conventis versprochen, die avulsa imperii wieder an die Krone Polens zurückzubringen. Unter diesen abgekommenen Stücken befand sich vor allem Livland. Diese wichtige Ostseeprovinz hatte schon Gustav Adolf, bevor er in den Deutschen Krieg zog, den Polen aberobert, und der Friede von Oliva hatte sie im Jahre 1660 der Krone Schweden versichert. Die Krone Schwedens hatte in demselben Jahre, wo August König von Polen wurde, ein fünfzehnjähriger Jüngling empfangen, Karl XII., ein Wittelsbacher, einer aus dem Hause Pfalz-Zweibrücken. Dieses Königs Jugend reizte seine Nachbarn alle zum Versuche eines Krieges, um das so mächtig gewordene Schweden — damals die erste Macht im Norden — zu schwächen. Augusts Hauptratgeber zu dem bedenklichen Kriege waren Flemming und General Georg Carl von Carlowitz — nicht der bekannte unglückliche Patkul, der ihm im Gegenteil in einer Denkschrift gar nicht die Gefährlichkeit eines langen zweifelhaften Kriegs zu betonen unterließ, wenn er auch als livländischer Edelmann Hauptfeind der schwedischen Könige war, die den livländischen Adel, namentlich durch die Reduktion der Krongüter, schwer wider sich aufgebracht hatten. August verband sich mit Dänemark, Schwedens Erbfeind, und mit dem Zaren Peter von Rußland.

Peter der Große hatte auf der Rückreise von Amsterdam im Juni 1698, als er nach Wien und Benedig ging, einen Besuch in Dresden abgestattet..... In Wien erhielt Peter bekanntlich die Nachricht von dem Ausbruch der Strelitzen-Empörung; er reiste nicht nach Benedig, sondern nach Moskau über Krakau und Lemberg. Acht Meilen von Lemberg, im Flecken Rawa, erfolgte Augusts erste Zusammenkunft mit dem Zaren....

1699, das Jahr nach dieser ersten Zusammenkunft Peters und Augusts, ward das Bündnis zwischen ihnen und Dänemark gegen Schweden geschlossen. 1700, am 19. Januar, besprach sich August mit Kurfürst Friedrich von Brandenburg, der dem Bunde nicht beitrat. Im Frühling begann dann mit dem Einfall Augusts in Livland, Peters in Esthland und Dänemarks in das mit Karl XII. verbündete Holstein-Gottorp der große nordische Krieg, der nach zwanzig Jahren furchtbaren und weit verbreiteten Kampfes und ungeheurer Wechselfälle zuletzt Rußlands Größe und seine Vormacht im Norden entschied. Die Schweden führte er wieder ins Herz von Deutschland, nach S a c h s e n — Sachsen war es, das am meisten dabei litt.

Die Triumvirn, die sich gegen den jungen Schwedenkönig verbündet hatten, sahen sich sehr in ihrer Erwartung, leichten Kaufs Eroberungen machen zu können, betrogen. Sie fanden in dem Jüngling, dem sie sich gegenüberstellten, einen Mann, wie wenige in der Geschichte aufgetreten sind. Er besiegte erst im Einverständnis und mit Hilfe der beiden Seemächte den Dänenkönig und nötigte ihn zum Travendaler Frieden, dann besiegte er den Zaren in der berühmten Schlacht bei Narwa in Esthland 1700 mit 8000 Mann gegen 80000. August, der zuletzt an die Reihe kam, mußte seine Rache am schwersten empfinden, trotzdem daß er sein naher Verwandter war: Karls Mutter und Augusts Mutter, beide Prinzessinnen von Dänemark, waren Schwestern.

August hatte im Jahre 1700 mit seiner sächsischen Armee — denn die Republik Polen erklärte Karl den Krieg nicht — den Grenzfluß, die Düna, überschritten und Riga belagert. Karl trieb ihn im Sommer 1701 über die Düna zurück und schlug die sächsischen Truppen bei Riga am 19. Juli. „Als August", berichtet Lamberty in seinen Memoiren des 18. Jahrhunderts, „diese Niederlage erfuhr, saß er gerade zu Pferde. Er trieb das Tier an, bis es nicht mehr fortkonnte, dann stieg er ab und hieb ihm mit dem Säbel den Kopf ab. Es war ein Scanderbeg-Streich." Karl eroberte hierauf am 21. Dezember die Dünamünder Schanze. Hier schon verlor August einen großen Teil der schönen sächsischen Artillerie, gegen hundert Kanonen, Kartaunen und Mörser — dabei sechzehn große Kartaunen, worauf der „Name und Siegel Johann Georg II. gestanden"; hier sind wahrscheinlich auch die berühmten „vier Jahreszeiten oder Monarchien" mit eingebüßt worden. In Kurland nahm Karl die Winterquartiere. Kurland war polnisches Lehen. Jetzt erst kam es zum Kriege auch mit Polen. Ehe es dazu kam, legte sich August aufs Unterhandeln. Er schickte einen merkwürdigen Diplomaten an Karl, eine Landsmännin von ihm, die er von seiner Kindheit her kannte, die schöne Gräfin Aurora von Königsmark, sie ging im Januar 1702 nach Kurland. Karl empfing sie in seinem Hauptquartier Würzau bei Mitau nicht, wollte sie gar nicht sehen. Die Gräfin suchte nun dem König in einem Hohlweg zu begegnen, wo er ihr nicht ausweichen konnte: er zog den Hut, wandte aber, ohne ein Wort zu sprechen, sein Pferd um. Nun entsendete im Februar 1702 August seinen Liebling, den damaligen Kammerherrn Vitzthum. Karl behielt ihn als Arrestanten zurück, weil er seine Pässe nicht für gültig erklärte, Vitzthum ward nach Riga geschickt und erhielt erst nach einem Vierteljahr seine Freiheit wieder. Wider seinen Willen mußte nun August den Krieg, den er angefangen, fortsetzen.

Karl drang bis ins Herz von Polen, verband sich mit den Malcontenten dort, der Partei Sapieha, er kam bis nahe vor Krakau: er schlug August aufs Haupt bei Clissow am 19. Juli 1702, gerade am Jahrestag der Schlacht bei Riga: hier verlor August den andern Teil der schönen sächsischen Artillerie und die Kriegskasse. Er mußte fliehen, wurde mehrere Tage lang in den Wäldern und Morästen wie ein edles Wild gejagt und entkam endlich mit genauer Not nach Krakau. 500 im Lager zurückgelassene oder auf der Flucht in den Morästen stecken gebliebene Damen schickte ihm Karl unversehrt nach Warschau zurück.

Es gebrach August an tüchtigen Generalen und Offizieren. Das Kommando über die sächsischen Truppen führte als Generalfeldmarschall Adam Heinrich Graf Steinau. Er kommandierte die sächsische Armee schon 1701 in der Schlacht bei Riga, die er verlor. . . . Vorher war er in venetianischen Diensten gewesen. Schulenburg berichtet in seinen Memoiren, daß schon die Venetianer vom Feldmarschall Steinau ausgesagt hätten, „daß er den Dienst über der Jagd in parenthesi stehen lasse." Er bemerkt, daß es nicht besser in der sächsischen Armee werden könne, als wenn man, außer Steinau, zwanzig bis dreißig Personen springen lasse. Die Armee sei vollständig demoralisiert; es herrsche weder Disziplin, noch Subordination, noch Gerechtigkeit darin, die Offiziere machten ungeheure Schulden, seien fast immer betrunken, gehorchten den Generalen nicht und würden noch überdem bei und mit ihren Debauchen und ihrer Insubordination am Hofe vertreten.

Am 1. Mai 1703 ward Steinau noch einmal aufs Haupt geschlagen bei Pultusk.

Kurz vorher war ein Wendepunkt in der Politik Augusts gekommen, die nachher mehrere Male noch umschlug. Der Kaiser, durch dessen Hilfe August König in Polen geworden war, war

durch den spanischen Erbfolgekrieg gegen die Franzosen zu sehr
in Anspruch genommen, um ihn in Polen mit Nachdruck gegen
die Schweden unterstützen zu können. August schloß sich nun aufs
engste an Rußland, und diese Politik bezeichnete eine Kabinetts-
änderung: im April 1703 ward Beichling, der seitherige allmächtige Großkanzler, gestürzt. Der Oberkammerherr Pflug trat
an seine Stelle, er blieb, bis Karl XII. ihn wegschaffte.

Im September 1703 kam der Livländer Patkul als Gesandter des Zaren nach Warschau und schloß eine neue Allianz
ab..... Patkul hatte bis zum Jahre 1701 als Generalmajor
in Augusts Diensten gestanden und war dann in russische getreten.

August begab sich nach Sachsen zurück, um neue Werbungen
zu veranstalten. Er erschien nach beinahe siebenjähriger Abwesenheit am Neujahrstag 1704 in Dresden, ging sogleich mit der
Königin und dem Statthalter von Fürstenberg nach Leipzig auf
die Messe und kehrte schon im Februar wieder nach Polen zurück,
er ging nach Krakau und später, aus Furcht hier aufgehoben zu
werden, nach Sendomir, hinter die Weichsel. Er hatte nicht viel
in Sachsen ausrichten können, es fehlte an Geld. Rußland zahlte
die versprochenen Subsidien (300,000 Rubel) nicht..... August
rief nun seine Regimenter aus dem Reiche zurück, die er dem
Kaiser zum spanischen Sukzessionskrieg gegen die Franzosen gestellt hatte......

Während seiner Rückreise nach Polen war es, wo August am 27. Februar 1704 die beiden Prinzen Johann Sobieskis, Jakob und Konstantin
— von denen er fürchtete, daß einer als Gegenkönig ihm könne entgegen-
gestellt werden — auf fremdem, kaiserlichen Territorium bei Breslau auf
der Jagd aufheben ließ.... Die Prinzen wurden nach Leipzig auf die
Pleissenburg gesetzt und mußten hier über ein Jahr lang als Gefangene
bleiben. Nun erklärten die zu Warschau konföderierten malcontenten Polen
den Thron für erledigt, Anfang Mai 1704. Am 19. Juli 1704 ward ein
Pole, der Palatin von Posen Stanislaus Leszczinski an Augusts Statt
zum König erwählt mit Hilfe und Vorschub König Karls XII., der selbst
incognito zusah, wie man seinen König das folgende Jahr, am 4. Oktober
1705 zu Warschau krönte.

Schon am 29. Mai 1704 hatte sich August im Lager bei
Sendomir gegen Patkul dahin geäußert, „er wolle lieber ein
Edelmann auf dem Lande als in solcher Verdrießlichkeit länger
König sein.“ „Aus welchen Umständen,“ setzt Patkul hinzu, „ich
schließen und befürchten muß, daß, wenn die Konfusion allhier
kontinuieret, der König vielleicht aus Desperation alles quittieren

und nach Kopenhagen gehen möchte, insonderheit da alle seine
Sachsen Tag und Nacht ihm desfalls in den Ohren liegen, solches
auch heimlich von den Polen selbst, die es mit ihm halten, gewünscht wird, um nur von der Qual abzukommen, wogegen Patkul
arbeitet, soviel er kann, solches dem König aus dem Sinne zu
reden, wiewohl alle andere fremde Minister, außer dem vom
König in Dänemark, von dem Sentiment der Sachsen sind und
heftig daran arbeiten. Ich aber versicherte allezeit den König, daß
Zar ihm helfen werde, alles zu überwinden."

„Endlich," berichtet Patkul in einer Depesche aus Dresden 9. Juli
1704, „ist die sächsische Armee doch noch wieder auf die Beine geraten, welches
viele Kunst, Arbeit und Mühe gekostet hat. . . . Die Gemeinen sind mit
unbeschreiblichen Kosten angebracht, weil aller Orten die Werbungen
im Schwange gehen, bei allen Benachbarten, so daß mancher bloßer Kerl *)
150—200 Reichsthaler gekostet, dessen ich ein wahrer Zeuge seyn kann,
weil ich zugegen gewesen. Die Stände von Sachsen haben noch die Rechnung
nicht geschlossen, jedoch habe ich gesehen, daß die Unkosten bereits auf 700,000
Reichsthaler und mehr Werbegeld alleine auslaufen, welches hier im
Lande noch nie geschehen."

Über den großen Geldmangel hatte der König sich bereits am 30. Mai
im Lager bei Sendomir gegen Patkul dahin geäußert, daß er beweglichst
um die Subsidien gebeten, weil sonst seine Armee zugrunde gehen müsse, die
zwar mit großen Kosten wieder aufgerichtet worden, jetzt aber keine
Subsistance hätte, wobei ihm angst und bange wäre. „Denn wenn die
Armee in Polen käme und wieder auf Diskretion leben wolle, so würde
er alle Affektion wieder verlieren und könnte das letzte ärger, als das erste
werden." „Das ist," schreibt Patkul 9. Juli 1704 aus Dresden an den
Minister Grafen Gollowin, „einmal gewiß, daß des Königs Revenüen in
Sachsen ganz erschöpft und schon voraus Schulden gemacht sind. Der König
hat auch alle seine Juwelen versetzet und ist nunmehr zum Unterhalt der
Armee nicht ein Thaler mehr in Casse, welches ich Ew. Exc. auf meine
Ehre versichern kann, weil mir der hiesige Staat besser als dem Könige selbst
bekannt ist." **) Anfang August 1704 schreibt Patkul weiter: „Daß der
König allhie den Muth fallen lasset und oft auf die Gedanken geräth, die
Cron zu abandonniren, ist gar gewiß. . . . Daß die Noth von Geld und
die Bedrängniß, darin er hier in Polen stehet und nicht weiß, wem er trauen
soll, auch bald aus einem Winkel in den andern laufen muß, zuweilen
seine unmäßigen praetensiones auspresset, darin ist er in Wahrheit recht
zu beklagen."

Kaum konnte es August über sich gewinnen, in der entehrenden Lage,
in der er war, auszubauern. Zehn Tage später berichtet Patkul, der als Ober-

---

*) Also ohne Bekleidung, Ausrüstung und Bewaffnung.

**) Wolfframsdorff schreibt einmal, der König und seine Minister wüßten
von den Landesfinanzen nicht mehr, als von den Einkünften des Groß-
moguls. (A.)

befehlshaber der moskowitischen Hilfsarmee von 12,000 Mann mit August in Polen herumzog, während der Zar Dorpat und Narwa eingenommen hatte: „Der König hat mir noch vor drei Tagen selbst gesaget, daß er die feste Resolution gefasset, lieber die Cron zu verlassen als noch immer so defensive zu ein Spectacul der ganzen Welt aus einem Winkel in den andern sich herum jagen zu lassen 2c. Man hat dem König vorgestellet, wie unbillig es wäre, daß Er die Last des Krieges tragen müßte und bey solcher Bewandniß, als nun die Sachen stehen, ja nichts zu hoffen hätte, unterdessen sich totaliter ruiniren und Sachsen dabey verzehren sollte, ob Er schon Subsidien von Ihro Zaar. Maj. zöge, welche doch nur zu dem Kriege aufgewandt würden, da hingegen Ihro Zaar. Maj. durch seinen Ruin Conqueten machten. Der König hat mir solches vorgestern, als wir im Marsche eine Halte macheten, in einer zweistündigen Unterredung der Länge nach repräsentiret, und mir seine Disposition des Gemüthes, dafern das Wesen länger so währet, zu erkennen gegeben. Und ob ich schon alle solche Scrupeln zu benehmen getrachtet und versichert, es würde seine an Ihro Zaar. Maj. geschehenes Project seinen Lauf haben, so habe nur die Antwort erhalten, es müsse sich bald ausweisen. Ueber dem, so merket man wohl, daß eine Haupt-Intrigue unter der Hand sey, ihm in Deutsch-land einige Landschaften zu verschaffen, auf den Fall, da er der Alliirten Parthey *) nehmen, die Armee dahin wenden und Pohlen quittiren wollte 2c. Hier ist die höchste Noth vorhanden, weil sonsten wahrhaftig die schöne Armee crepiren muß."

Immer näher kam das Unglück, das Sachsen treffen sollte. Über die Zustände dort, wo damals zur Sicherheit dänische Truppen standen, berichten die Frankfurter Relationen: Zum drittenmal ward eine große Artillerie aus Sachsen nach Polen geschickt 2c. Indem es aber in Polen nach der Hand ziemlich rauh und konfus hergegangen, mithin die Sachsen und Mosko-witer von den Schweden bis an die schlesischen Grenzen verfolgt worden, so sind die beiden Generale Schulenburg und Patkul**) den 15. November 1704 zu Dresden angelangt, nachdem sie ihre Truppen 2c. in der Lausitz gelassen; die Artillerie kam den 19. November auch wieder zurück, der die sämtliche königliche Bagage nach etlichen Tagen gefolgt. Worauf der Prinz von Fürstenberg als Statthalter die sächsische Miliz zwischen Görlitz und Zittau also postiert, daß man sich eines Schwedischen Ein-falls nicht leicht zu besorgen hatte, der Land-Ausschuß zwischen der Oder und Elbe wurde aufgeboten und über 1000 Jäger und Wildschützen auch beordert dahin zu gehen 2c. S. Kön. Maj. sind

---

*) Des Kaisers und der Seemächte gegen Frankreich.

**) Nach der neuen Niederlage bei Lissa an der Grenze von Schlesien am 7. November 1704.

aus Polen mit einem kleinen Gefolg des Nachts zwischen dem 30. November und 1. Dezember 1704 ganz unvermutet zu Dresden in Dero kurfürstlichen Residenz angekommen......

Merkwürdig war, und Patkul rügte es nicht wenig, daß nur die Infanterie nach Sachsen retirierte, die Kavallerie blieb in Polen. Es war, als wollte man die Schweden nach Sachsen „einlocken".

Die ersten moskowitischen Truppen, die sich bei dieser Retirade im Herzen von Deutschland blicken ließen, machten schlechte Parade. „Die Gemeinen," schreibt Patkul in einer Depesche vom 18. November 1704, „sind durch die ausgestandenen schweren Marschen sehr übel zugerichtet: an Gesundheit, Mundirung und Gewehr so beschaffen, daß ein Theil wirklich nackend und ohne Schuhe, allen Fremden zum Spectacul einhergehen, und schlechte Impression machen, allermaaßen aus Deutschland von weitem her, von den Fürsten und Potentaten Officiers gesandt werden, um die Muscowitischen Truppen als etwas rares und noch nie in Deutschland gesehenes zu betrachten und ihren Herren Relation davon zu thun."

„Unterdessen unterließ man," so berichtet Patkul ungefähr gleichzeitig, „nicht, im ganzen Chursächsischen territorio auf Königl. Befehl die Werbung stark fortzusetzen rc. Es wurde auch die Werbung an der Donau mit gutem Succeß geführet rc. Und weil große Geldsummen zu diesen Bedürfnissen und Beschleunigung des Kriegsstaats erfordert worden, ist die General-Accise durchgehends eingeführt worden, auch in der Lausitz, wohin deswegen im April 1705 Commissarii abgegangen. Diese ist nachgehends auch in Leipzig in Stand gekommen, doch so, daß das Commercium dadurch nicht gehemmt wird, maaßen die Waaren, so ins Gros daselbst verhandelt und ein- und weggebracht werden, hievon befreit bleiben. Wie die Dresdnischen Briefe vom 30. April geben, so ist auch über das eine General-Auflage gemacht worden, wozu der Geringste 16 Groschen, andere 1, 2, 3, 10, 20 bis 30 Reichsthaler geben müssen, welches eine große Summe beträgt."

Soweit Behse, dessen Schilderung hier einige Kürzungen erfahren mußte.

August unternahm nun im Herbst 1705 noch einen Versuch, die Schweden aus Polen zu vertreiben. Glücklich gelangte er über Guben nach Danzig, von dort zu Wasser nach Königsberg und mit der Post nach Grodno in Litauen und in die Gegend von Lublin in Kleinpolen, von Guben aus nur von zwei Kavalieren begleitet. Anfang November traf er im Lager von Grodno mit dem Zaren zusammen, der ihm im Dezember den Oberbefehl über seine Truppen überließ. Die Schweden vermochten vor Grodno nichts auszurichten und zogen nach Wilna zu ab. „Als nun der König Augustus sah," heißt es in einem Bericht von damals, „daß er nicht Ursache hätte, sich in Litauen aufzuhalten, und daß Polen offenſtand, ſeine aus Sachſen kommenden Truppen mit den andern zuſammenbringen zu können, ſo hat er ſich ben 26. Januar 1706 aus Grobno nach Tickoczyn und Krakau begeben, die Polen an ſich zu ziehen, von da iſt er nach Warſchau gegangen und daſelbſt mit ſeiner Garde du corps und etlichen Regimentern Kavallerie zu jedermanns Verwunderung den 5. Februar um 10 Uhr vormittags angelangt, ſein Quartier im Schloß nehmend. Um ſelbige Zeit haben ſich die bei Guben und in Sachſen ge- legenen kurſächſiſchen und moskowitiſchen Truppen zuſammen- gezogen und ſind, eine Armee von 20000 Mann formierend, nach Polen zu marſchiert. Sie paſſierten den 9. Februar 1706 die Oder an drei Orten, wie man vorgeben will, mit großer Sicherheit, in der Meinung, das unter dem General Reinſchild*) befindliche ſchwediſche Korps ſei nicht ſtärker als etwa 8—9000 Mann, und werde ihrem Marſch nach Warſchau und Conjunction mit den andern keinen Einhalt tun können. Sie haben aber bald ein anderes erfahren, als der General Rheinſchild ſeine in 15—16,000 Mann beſtehenden Truppen zu F r a u ſ t a d t (in Schleſien) und Polniſch-Liſſa zuſammengebracht, und ſie gegen die unter des Generalleutnants von Schulenburg Kommando befindlichen Sachſen und Moskowiter den 13. Februar (1706) geſtellt.“

Die Schlacht bei Frauſtadt entſchied das traurige Schickſal Sachſens. Die obgleich ſtärkere, aber demoraliſierte ſächſiſche Armee ward faſt ganz vernichtet. Sachſen lag nun Karl XII. offen. Auguſt ging wieder nach Krakau.

Während dieſer Vorgänge in Polen erfolgte in Dresden die Gefangen- nehmung Johann Reinhold Patkuls, die deſſen ſchauderhafte Exekution durch den Schwedenkönig — der Patkul, als geborenen Livländer, als Re- bellen anſah und als ſeinen Untertan reklamierte — zur Folge hatte und deſſen ſchmachvolle Auslieferung durch Auguſt, wodurch dieſer nicht nur dem Zaren, deſſen in Dresden beglaubigter Geſandter Patkul war, in Spannung gebracht, ſondern auch in den Augen dieſes mächtigen Herrn und in der Achtung der ganzen Welt herabgeſetzt wurde. Das ging ſehr weit, P e t e r nannte A u g u ſ t in ſeinem Interceſſional-Schreiben für Patkul an den Kaiſer und die Königin von England vom 27. April 1707 geradezu „e i n e n E h r v e r g e ſ ſ e n e n P r i n z e n“.

Patkul, ſeit dem Jahre 1703 als Geſandter an Auguſt nach Warſchau und Dresden geſchickt, hatte, wie das Theatrum Europaeum erzählt, auf wiederholten Befehl des Königs ihm in einer Denkſchrift ſeine Lage Sachſen, Polen und dem König von Schweden gegenüber ausgearbeitet. Dieſe (in der

---

*) Rhenſkyold.

„literarischen Einleitung" auszugsweise mitgeteilte) Denkschrift erhielt der König von Polen bei seiner Anwesenheit in Dresden am 8. März 1705. Patkul hatte darin aufrichtig und nachdrücklich die Fehler seiner Minister, namentlich des Grafen Flemming und Fürstenbergs, vorgestellt und ihm gezeigt, daß weder Geld noch Kredit im Lande sei, jenes übel angewandt, dieser ungebührlich verscherzt werde, und damit die benachbarten Fürsten, von denen Sachsen gegen Schweden sich einer Hilfe versehen könne, eingeschüchtert würden, sich mit Sachsen einzulassen. Diese Denkschrift war Patkul nach einer Durchsuchung seiner Papiere aus seinem Hause gestohlen worden.

Auf wessen Veranlassung die Durchsuchung der Papiere Patkuls stattgefunden hat, ob August sie selbst befohlen hatte, ist ein Geheimnis geblieben. Am 16. Dezember 1705 war Patkul vom preußischen Hofe, wo er eine Sendung ausgeführt hatte, nach Dresden zurückgekehrt. Am 20. wollte er seine Hochzeit mit der Oberhofmeisterswitwe Anna Sophia von Einsiedel, feiern, einer Dame, die ihm 400,000 Taler Mitgift bringen wollte. Am Abend vor der beabsichtigten Vermählung holte man den eben von seiner Braut zurückgekehrten und zu Bett gegangenen Patkul ganz unvermutet um 10 Uhr in einer mit sechs Pferden bespannten Karosse — Nordberg im Leben Karls XII. sagt — zu einer Konferenz mit den sächsischen Ministern ab. Er ward unter einer Bedeckung von sechzig Reitern nach der Festung Sonnenstein gebracht. Das sächsische Ministerium, namentlich Flemming, Patkuls Hauptfeind, wollte bringenden Verdacht haben, daß Patkul beabsichtigt habe, die 6000 Mann Russen, die damals noch im Lager in der Lausitz standen und an allem notwendigen Mangel litten, dem Grafen Strattmann für den Kaiser um 200,000 Gulden zu verhandeln.

„Patkul hat," schreiben die Frankfurter Relationen, „bald hernach nicht allein in seinem Arrest alle Freiheit genossen, sondern ist auch dessen gar erlassen worden. Unterm 13. Januar wurde von Dresden geschrieben, daß er von dem König gar gnädige Briefe, erhalten und nach Polen berufen worden, so daß der König von seiner Arretierung nichts gewußt zu haben vermutet werden wollte." Gewiß ist, daß der König später nach Abschluß des Altranstädter Friedens die Festsetzung Patkuls und seine fernere Haft von Polen aus gebilligt hat. Er erließ übrigens ausdrückliche Rechtfertigungen seines Ministeriums in Dresden und wies seinen Gesandten im Haag aus Grodno schon 8. Januar 1706 an, was er den Generalstaaten und der Königin von England besfalls zu sagen habe. Um einen nur einigermaßen plausiblen Vorwand für die völkerrechtswidrige Arretur zu haben, ward Patkul Schuld gegeben, er habe durch den preußischen Minister Ilgen sich mit Karl XII. aussöhnen und, die Macht von Karls Feinden durch Überlassung eines Truppenkorps an den Kaiser zum Krieg gegen Frankreich schwächend — Karls Haß beschwichtigen wollen.

Patkuls Lieblingsplan war ganz entschieden „der Ruin Schwedens in Polen" gewesen und das Hauptmittel dazu ein Bund zwischen Sachsen, Rußland, Dänemark und Preußen.

Patkul hatte auch große Pläne für Rußlands Macht und Größe entworfen, auf die einzugehen hier zu weit führen würde. Er ist, wie Behse betont, „der Gründer und Vater der russischen Diplomatie gewesen, einer

Diplomatie, die heutzutage neben der englischen in Europa die ebenbürtige Nachfolgerin der ehemals so berühmten französischen und venetianischen ist. Diesen Mann, den August hätte für sich nutzen können — er war bis 1701 sächsischer Generalmajor, Flemming vertrieb ihn — ließ er sich nicht nur aus den Händen gehen, sondern opferte ihn sogar auf. . . . Patkul fiel, — so viel ist aus dem Klar, was bisher über die Angelegenheit bekannt geworden ist — ganz allein durch die Schwäche des starken August und die Stärke seines Adels, dem der hochfahrende moskowitische Plenipotentiar ein Greuel war mit seiner wichtigen Stellung in Sachsen, an die er, ein Fremder, im Begriff war, das große Gewicht des Reichtums durch die Heirat mit einer Dame aus einer der ersten Familien Sachsens zu hängen."

Peter der Große sprach in dem Schreiben, wodurch er das Einschreiten des Kaisers und der Seemächte gegen Patkuls Vergewaltigung zu veranlassen suchte, geradezu von den „nichtswürdigen und treulosen sächsischen Ministern", die seinen Gesandten „gegen Menschenrecht, ohne seine Einwilligung, wie einen Verräter in schimpfliches Gefängnis" geworfen hätten.

Über den ersten Eindruck der großen Niederlage der Sachsen bei Fraustadt berichten die Frankfurter Relationen: „Die kursächsischen Lande haben nicht allein die betrübte Nachricht von der bei Frauenstadt verlornen Bataille hören müssen, sondern man sah auch zu Dresden die betrübten Reste der gewesenen schönen Armee, woran man so lang geworben und mit großen Kosten erhalten, zu Dresden und in selbiger Gegend nach und nach ankommen; die Herren Generale und andere Offiziere fanden sich auch daselbst ein. Man besetzte auch Anfangs März alle Pässe der sächsischen Grenzen mit vielem Volk, die ausgerissenen und zerstreuten Soldaten wieder aufzufangen." Weiter lesen wir von grausamer „Execution an denen, so sich in dem Treffen nicht wohl gehalten hatten". Man hängte, köpfte und räderte die Gemeinen und erschoß einen Rittmeister. Nach den Lettres historiques wurde die Exekution von dreißig anderen Offizieren, die am 27. August in Dresden zum Tode gebracht werden sollten, weil sie in der Schlacht bei Fraustadt ihre Schuldigkeit nicht getan hätten, auf Schulenburgs Befehl aufgeschoben bei der Nachricht vom Herannahen des Königs Karl XII.

Am 1. September 1706 erschienen die Schweden in Sachsen. August hatte seinen Untertanen, namentlich den Lausitzern, anbefohlen, beim Erscheinen der Schweden ihre Wohnungen mit ihrem Vieh zu verlassen, in den Spreewald zu flüchten oder nach Böhmen und Schlesien auszuwandern. Es kam aber dazu nicht. Karl, der am 2. September die Oder bei Steinau mit 20,000

Mann passierte, erließ vor sich her ein Manifest, das schärffte
Mannszucht und Sicherheit der Personen und des Eigentums
zusagte, und er war der Mann, es pünktlich streng befolgen zu
laffen. Das Ministerium erließ am 9. September einen aus-
brücklichen anderweiten Befehl, „daß die Untertanen, den gänz-
lichen Ruin zu vermeiden, bei Haus und Hof bleiben und den
einrückenden Truppen mit Subsiftenzmitteln an Hand gehen
sollten“.

Die Schweden breiteten sich nun im ganzen Lande aus und
besetzten die Städte Leipzig und Wittenberg. Nur in der Festung
Dresden und in den beiden Bergfestungen Königstein und Sonnenstein behaupteten sich noch die sächsischen Besatzungen.

Karl nahm sein Hauptquartier erst in Taucha, dann in Altranstädt bei Leipzig, er blieb hier, auch als der kleine Flecken am
6. Oktober halb abbrannte, dem Ort nahe, wo sein großer Vorfahr
im Reich, Gustav Adolf, am Schwedenstein gefallen war. Stanislaus, der Polenkönig, der mit ihm nach Sachsen gerückt war, hatte
sein Standquartier zu Leisnig an der Mulde. Die Familie Augufts
war geflohen, die Königin zu ihren Verwandten nach Baireuth,
die Königin-Mutter mit dem Kurprinzen nach Magdeburg und
dann zu den Ihrigen nach Dänemark.

In Leipzig war aus panischer Furcht vor den Schweden ein
solches Flüchten, daß die Stadt in den ersten Tagen des Septembers
einer Einöde ähnlich war, alles war mit seiner reichen und geringen Habe geflüchtet, es wurden so viel Reichtümer weggeschafft,
daß, wie das Theatrum Europaeum berichtet, das Fuhrlohn
„Tonnen Goldes“ gekoftet habe. Später als Karl unterm
20. September aus Taucha zur Michaelismesse für die Kaufleute
vollkommene Sicherheit für ihre Personen und Waren durch ein
erlaffenes Patent zusagte, kamen die Leipziger mit ihren ge-
flüchteten Effekten wieder, die Michaelismesse und der Verkehr
und die Geschäfte überhaupt hatten ihren gewöhnlichen Lauf.
Die Kaufleute zahlten 100,000 Taler. Zwischen dem Schwedenkönig und der Regierung in Dresden ward durch preußische und
hannoverische Vermittlung ein zehnwöchentlicher Waffenstillstand
geschloffen im Lager bei Altranstädt am 25. September 1706.

Am 5. Oktober ließ Karl den sächsischen Landtag in Leipzig
zusammenkommen. Das schwedische General-Kriegskommiffariat
verlangte von den Ständen genaue Auskünfte über die Vermögens-

lage des Landes und schrieb dann auf Grund der so erhaltenen
Auskünfte eine Monats-Kontribution von 625,000 Reichs-
talern aus, wovon 125,000 in Naturalien zu entrichten waren.
Zum erstenmal in Sachsen mußte der hochprivilegierte, mit der
Steuerfreiheit begnadete Adel des Landes für diese schlimmen
Schweden mit kontribuieren. „Er verfehlte zwar nicht, harmlose
Vorstellung S. Schwedischen Maj. zu machen, daß er herkömm-
licher Weise von dergleichen Lasten befreit sei, da er außer denen
Ritterpferden nichts zu stellen verbunden." Karl XII. erwiderte
aber diesen Herren die denkwürdigen Worte: „Wo sind Eure
Ritterpferde? Hätte die Ritterschaft ihre Schuldigkeit getan, so
wäre ich nicht hier! — Wenn es bei Hofe zu schmausen gibt, da
fehlt von den Rittern keiner; wenn's aber fürs Vaterland gilt,
bleiben sie alle fein still zu Hause. Von Euch, Herren von Adel,
allein fordre ich die Kontribution; könnt Ihr sie aus der Luft
nehmen, so bin ich zufrieden, daß jedermann befreit bleibt!"*)
Die Ritter mußten sich zu einem Monatsbeitrag von 200,000
bis 250,000 Talern bequemen; das übrige brachten die Städte
und die Ämter zusammen. Karl ließ nichts nach.

Wohl den Nagel auf den Kopf treffend, schreibt Vehse im
Anschluß an diese Darlegung: „Man kann denken, daß die
sächsische Adelschaft ihrem Herrn und Könige inständig werde
angelegen haben, ihre Not zu lindern und mit dem schrecklichen
Schwedenkönig sobald als möglich Frieden zu schließen. August
tat es, tat es aber wieder auf eine Weise, die nicht anders konnte,
als ihn in den Augen der Welt herabzusetzen. Er gab wieder die
Leute preis, die ihm dazu hatten dienen müssen, den Frieden zu
erwirken . . . . . — er gab sie preis, um vor der Welt den
Schein der königlichen Ehre zu retten."

Der Kammerpräsident von Imhof und der Referendar
Pfingsten hatten Vollmacht und Blanketts zum Abschluß des
Friedens auf alle Fälle erhalten. Und so schlossen sie ihn denn
am 24. September 1706 unter der Hauptbedingung feierlicher
Entsagung aller Ansprüche Augusts auf die bisher getragene
polnische Königskrone zugunsten Stanislaus Lesczinskis. —
August ratifizierte die Friedensurkunde, setzte aber trotzdem in
Polen den Krieg fort. Neun Tage nach Vollzug der Ratifikation,

*) Förster, Hof Augusts, S. 187.

am 29. Oktober, gelang es in Verbindung mit den Russen sogar, den von Karl XII. zur Deckung Polens hinterlassenen General Marbeseld in dem Treffen bei Kalisch zu besiegen. August erklärte nun den Polen, das Gerücht, daß er mit Karl Frieden geschlossen habe, sei eine Lüge. Imhof und Pfingsten sollten ihre Vollmacht überschritten haben. Sie wurden später, als August wieder nach Sachsen zurückgekommen war, auf die Festung Königstein gefangen gesetzt, um ihren Herrn bei halben Ehren zu erhalten. Imhof saß sieben Jahre, er kam im Jahre 1714 gegen Zahlung von 40,000 Talern frei und starb in Dresden zu Ausgang 1715 am Stein, nach andern Nachrichten an einem Blutsturz. Pfingsten aber saß achtundzwanzig Jahre und starb auf dem Königstein 1735.

In einem erhaltenen Briefe des Königs vom 1. November 1708 an Lord Marlborough beklagt sich August bitter, daß seine Bevollmächtigten ohne Not den Frieden mit dem König von Schweden übereilt hätten; aber er gibt selbst zu, daß er ihnen Blanketts mitgegeben habe, „dans la vue, d'amuser ce prince pour gagner du temps". Das Wahrscheinlichste ist nach Vehses Ansicht: „der bedrängte Adel Sachsens, um die schwedischen Kontributionen los zu werden, drängte die mit der carte blanche aus Polen nach Sachsen gekommenen Bevollmächtigten, den Friedensabschluß zu präzipitieren."

Am 2. Dezember 1706 schrieb die Herzogin von Orleans an ihre Schwester, die Raugräfin Luise: „Ich habe in meinem Sinn mein Leben von nichts Abscheulicherem gehört, als den Frieden, so König Augustus gemacht. Er muß voll und toll gewesen sein, wie er die Artikel eingegangen ist. Vor so ehrvergessen hätte ich ihn mein Leben nicht gehalten, ich schäme mich vor unsre Nation, daß ein deutscher König so unehrlich ist."

Die Friedensbedingungen waren aber auch in der Tat zum guten Teile äußerst hart: Außer dem Verzicht auf die Krone Polens, der „aus Friedensliebe" erfolgen sollte (allerdings unter dem Zugeständnis: August dürfe Namen und Ehre eines „Königs" behalten), besagten sie: „er kündigt alle des Kriegs halber gemachten Allianzen auf, namentlich die mit Moskau — er nimmt nimmermehr einige Veränderung der Religionssachen in Sachsen und der Lausitz vor, sondern verbindet sich mit Schweden zur Festhaltung des westfälischen Friedens im Religionspunkt — er stellt die bisher

gefangenen beiben polnischen Prinzen auf freien Fuß (sie waren
von Leipzig auf den Königstein gebracht worden) — und endlich: August liefert alle schwedische Überläufer und Verräter aus,
sonderlich Johann Reinhard Patkul."

Den Grund für die Einwilligung Augusts finden die „Frankfurter Relationen" in nachstehender Erwägung: „Der König
Augustus hat solchen (Frieden) .... ratificirt, in denen Ge-
banken, es sei besser Polen zu verlassen und seine Erblande zu
conserviren, auch in diesen lieber die Wolle, als die Schafe zu
verlieren, weil doch, wie es schiene, beides nicht erhalten werden
könnte." — Das Treffen bei Kalisch erklären die Relationen
baburch, die Schweden hätten den sächsischen Bevollmächtigten auf
„inständigst Begehr" die vorläufige Geheimhaltung des Friedens-
schlusses zugestanden, „damit der König Augustus Zeit haben
möchte, sich vor der Moscowitischen Partey in Sicherheit zu setzen".

Karl XII. bachte nicht baran, die Hoffnung des sächsischen
Abels zu erfüllen, daß der Friedensschluß die balbige oder gar
sofortige Räumung Sachsens zur Folge haben werde. Er blieb
vielmehr ein volles Jahr hindurch in Sachsen. Auch vereitelte
Karl die Erwartungen Augusts, der ihn zu täuschen und Zeit zu
gewinnen trachtete. Er veröffentlichte den Frieden durch ein in
Altranstädt in der zweiten Hälfte des Novembers datiertes Patent.

August blieb nun nichts weiter übrig, als Polen zu verlassen.
Am 1. Dezember 1706 reiste er von Warschau ab. Die Polen
glaubten, August gehe nach Krakau, dahin ging aber nur die
sächsische Hofhaltung, die Ogilvy darauf mit den Garden nach
Sachsen führte, die übrigen in Polen gestandenen Truppen wurden
im Laufe des Jahres 1707 an die Seemächte verkauft, man erhielt
dafür eine jährliche Subsidienzahlung von 832,848 Gulden. August
schlug direkt den Weg nach Sachsen ein.

Die Russen verfehlten nicht, das von August in Polen auf-
gegebene Terrain zu benutzen. Menzikoff erklärte den Polen,
daß, wenn König August sie aufgegeben habe, der Zar, sein Herr,
sie nicht aufgeben werde, S. Zar. Maj. habe nicht bloß mit
einem sterblichen Menschen, wie dieser Fürst sei, sich verbunden,
sondern mit der Republik Polen, die unsterblich sei. Der Zar
werde ihr dieselben Subsidien zukommen lassen, die er bisher
König August gegeben habe, und ihr auch dieselben Hilfstruppen
stellen.

August hoffte durch sein persönliches Erscheinen in Sachsen bei dem Schwedenkönig noch bessere Bedingungen erlangen zu können. „Jedermann in Sachsen verlangte nach des Königs Ankunft aus Polen."

Die Visiten, die August — im französischen Goldkleide und mit der Allongeperücke — und Karl — mit dem geschorenen Schwedenkopfe, im blauen Überrock mit Metallknöpfen und in seinen großen Stiefeln — einander kurz vor Weihnachten 1706 und einige Zeitlang hinterher abstatteten, waren bloße Staatsvisiten, Karl beobachtete das steife Zeremoniell damaliger Zeit, dem er sich gar nicht entzog und nicht entziehen konnte, weil es die ganze Zeit gebieterisch beherrschte. Der Eisenarm erlangte vom Eisenkopfe nichts, es kamen sogar noch der eine und der andere Punkt nachträglich bei den Geschäftsverhandlungen mit dem schwedischen Kanzler Grafen Piper und dem Staatssekretär Cedernhielm, dessen August gar nicht gewärtig gewesen war. Persönlich verhandelten die Könige von Geschäften nicht. In der ersten Unterredung, die sie in Günthersdorf hatten, sprach Karl zu August, seinem sechsjährigen Gegner, von seinen großen Stiefeln, die er sechs Jahre lang nur selten ausgezogen habe. August befand sich in einer ungemein demütigenden Lage. Karl speiste niemals an Augusts Tafel in Leipzig, so oft er eingeladen ward, er schickte nur seine Minister und Generale. August dagegen, von Karl nach Altranstädt zur Tafel geladen, mußte erscheinen. Die Tafel dauerte gewöhnlich nur eine Stunde, aber diese Stunde war sehr lang, denn es wurde dabei regelmäßig gar nichts geredet. So sah einmal der preußische General Grumbkow den unglücklichen König bei dem glücklichen König speisen, er sah ihn „nachdenklich und verlegen". ... Das Schlimmste war, bei dem letzten Diner am 29. April 1707 fand sich auch König Stanislaus ein; einer vermied den andern, und beim Begegnen grüßten sie sich nur mit dem Hute. — August vermied Karl zu sehen, wie er nur konnte; ehe Marlborough kam, sahen die beiden Könige sich zwei Monate lang nicht. Es ist vorgekommen, daß August dem Schwedenkönig in Leipzig im Meßgetümmel zu Pferde begegnete — er konnte sich da über das tyrannische Zeremoniell hinwegsetzen. Er bückte sich, sprach mit seinem Pferde und ritt, ohne Karl zu bemerken, vorüber. Aus Rücksicht für Karl war aber Augusts Residenz noch im Anfang des Sommers 1707 in Leipzig, erst am 8. Juli ging er wieder nach Dresden.

Einladungen Augusts zur Teilnahme an Jagden schlug Karl wiederholt aus; er habe keine Zeit, weil er seine Truppen in verschiedenen Orten mustern müsse.

Auf der Auslieferung Patkuls bestand der Schwedenkönig gegenüber allen Ablehnungs- und Ablenkungsversuchen Augusts. Und so erfolgte sie denn am 7. April 1707 gegen Abend, da ihn zwei schwedische Offiziere, die dreißig Mann bei sich hatten, vom Königstein abholten und in Eisen geschlossen nach Dippoldiswalde in das Quartier des General Meyerfeld brachten.

„Vergebens hatte August noch anderweit versucht, Patkul zu retten: dieser hatte gezögert, die von dem Kommandanten des Königsteins noch im März 1707 ihm erleichterte Flucht zu unternehmen. Patkul hatte seiner vehementen Natur gemäß früher gleich nach der Arretur Satisfaktion verlangt, er glaubte auf seinem guten Rechte bestehen zu können und durch den Charakter als Ambassadeur des Zaren unverletzlich zu sein — er ging so in sein Schicksal, das schrecklich war. Wahr ist, daß er zu Karl XII. ins Altranstädter Lager gebracht ward, aber unwahr, daß er in Ketten drei Monate lang an einen Pfahl angeschlossen habe müssen stehen, in Ketten gehalten ward er natürlich. Er wurde während seines Arrests sehr krank, man sagte ihn schon für tot. Karl nahm ihn, als er wieder nach Polen marschierte, mit und hier ließ er ihn zu Casimir unweit Posen am 20. Oktober 1707 von unten auf lebendig rädern. Es existieren zwei Berichte über diese schreckliche Exekution, einer für den schwedischen Hof, der andere für seine Braut, Frau von Einsiedel, beide von dem Regimentsprediger Hagen, dem Patkul auftrug: „vermeldet meinen letzten Abschiedsgruß der wohlgebornen Frau von Einsiedeln mit der traurigen Nachricht, daß ihr bekannter Patkul sterbe, ihr, der Liebe wegen, mit tausendfacher Danksagung höchlich verbunden, nebst einem mit Thränen benetzten Herzenswunsche, daß Sie lange leben möge, wie nunmehro frey, also auch wohlvergnügt.“

„Im Jahre 1713 ließ August, als er wieder im ruhigen Besitz der Krone Polen war, Patkuls Gebeine vom Galgen in Casimir abnehmen, in eine Kassette legen und nach Warschau bringen. Er zeigte sie hier dem französischen Gesandten be Buseval mit den Worten: ‚Voilà les membres de Patkul!‘ — ‚sans rien ajouter pour blamer ou pour plaindre sa mémoire‘, sagt Voltaire.“ — Dann habe er den Gebeinen ein ehrenvolles Begräbnis gegeben oder geben — wollen. Es scheint nämlich sehr unsicher, ob die hierüber wiedergegebenen zwei Sätze Vehses als Tatsachenbericht gelten dürfen! August hatte allerdings dem Leutnant Rauer befohlen, die Gebeine Patkuls von den „Schandpfählen“ abzunehmen und zu bestatten. Nach Akten des sächsischen Geh. Kabinetts-Archivs aber hat der genannte Offizier keine Spur mehr von Patkuls Gebeinen gefunden.

Dem sei, wie ihm wolle — sicher darf man Försters Worten beipflichten: „Wie tief August sie aber auch einzuscharren befahl — den an Patkul begangenen treulosen Verrat und die Verletzung der Heiligkeit des Gast- und Völker-Rechts vermochte er nicht dem Schweigen des Grabes zu übergeben."

Patkul, ein Opfer des Absolutismus und der intriganten Hofgesellschaft, verdiente eine eingehende Biographie und Charakterisierung.

Nächst Patkuls Opferung forderte Karl von August u. a. auch die Überlassung der moskowitischen Hilfstruppen als Kriegsgefangene. . . . Diese standen jetzt im Reich und am Rheine. Offenbar befand sich die Erfüllung dieses Punkts nicht in der Macht Augusts: Karl benutzte ihn aber, um seinen Aufenthalt in Sachsen zu verlängern. — Dieser Aufenthalt war für ganz Europa ein Rätsel, in Sachsen hatte er keinen Feind mehr, und Polen war in den Händen der Russen.

Graf Schulenburg legte damals, wie seine Memoiren enthalten, König August einen sehr energischen Plan zur Rache gegen Karl vor. Schulenburg hatte mit vier Offizieren Karls Wohnung rekognosziert, er glaubte es mit Sicherheit bewerkstelligen zu können, ihn mit einer Abteilung der in Thüringen kantonierenden sächsischen Reiterei hier aufzuheben, da der Schwedenkönig immer nur eine Wache von zwanzig bis dreißig Trabanten bei sich hatte. August ging aber auf diesen allerdings sehr kühnen Plan nicht ein.

Auch eine zweite,[*]) noch weit günstigere Gelegenheit zur Rache, die Karl selbst bot, nutzte August gegen den Rat der Gräfin Cosel und Flemmings nicht. Karl war endlich am 1. September 1707 mit seinem Hauptquartier von Altranstädt aufgebrochen. Er folgte seinen Truppen, die bereits seit dem 15. August unter Rhenskhold, dem Sieger von Fraustadt, vorausmarschiert

---

[*]) Ungewiß ist, ob nicht August schon vorher dem Gegner auf irgend jemandes Rat eine Falle hatte stellen wollen, als er ihn für den 18. Februar 1707 zur Jagd nach Liebenwerda einlud. Karl sagte seine Teilnahme erst zu und — schon auf dem Wege dahin — im letzten Augenblicke ab. Patkul behauptet, August habe ihm „unterschiedliche Zumutungen gemacht . . . und etliche gefährliche Desseins vorgehabt", und schreibt weiter: „Ein Brief wurde mir einst von einem furchtbaren Vorhaben geschrieben und mit diesen Worten beschlossen: Augustus hat mehr gewonnen auf einer Jagd, denn Karl in so mancher braver Schlacht!" — Förster meint, es sei „nicht unwahrscheinlich, daß Karl von der falschen Deutung, welche man seinem Ausbleiben bei der Jagd gegeben, gehört hatte und dem Könige (August durch seinen Besuch in Dresden) zeigen wollte, daß es ihm (Karl) weder an Vertrauen noch an Mut fehle." (A.)

waren, um durch Schlesien wieder nach Polen zu gehen und Peter
den Großen noch einmal in Rußland aufzusuchen. Wenige schwedische Regimenter nur standen noch bei Leipzig. Karl hielt am
6. September mit seinem Hauptquartier im Dorfe Oberau bei
Meißen Rasttag. Bei einem Spazierritt mit nur vier Begleitern
zeigte man dem Schwedenkönig die Türme von Dresden. Karl
war lange in Gedanken geritten, er rief jetzt auf einmal: „Ei,
weil wir so nahe sind, wollen wir hinein reiten!" Es war Nach-
mittag zwischen drei und vier Uhr, als er am Dresdner Tore
anlangte. Er gab sich für einen Trabanten des Schwedenkönigs
aus, man führte ihn mit seinen Begleitern auf die Hauptwache,
hier erkannte ihn Flemming*) und brachte ihn zu seinem Herrn.

Auguft befand sich eben mit der Gräfin Cosel, die damals auf
der Höhe ihrer Gunst stand, im Zeughause, wo er gewöhnlich
seine Kraftkünste übte. Die Gräfin selbst hat die höchst unerwartete
Visite, die Karl dort abstattete, dem Prinzen von Ligne mitgeteilt, der sie in seinen Memoiren erzählt. Als an die Tür des
Zeughauses gepocht warb, rief August „herein!" Karl umarmte
ihn mit den Worten: „Guten Tag, mein Bruder!" Die Gräfin
Cosel trat sofort zu August, um ihm schnell den Rat zuzuflüstern,
den tollkühnen Besucher zu verhaften, wie die Herzogin von Etampes
bereinst Franz von Frankreich bei Kaiser Karls V. Besuche in
Paris geraten hatte. Karl XII., der den Wink bemerkte, machte
aber ein Gesicht, das den erschrockenen August bestimmte, die
Gräfin zu bedeuten, daß sie sich zurückziehen solle. Sie tat es,
untröstlich darüber, daß August die günstigste Gelegenheit, sich
zu rächen, vorüberlasse, mit einem wütenden Blick auf den König
von Schweden.

Karl ließ sich nun der königlichen Familie, um Abschied zu
nehmen, vorstellen, blieb etwa eine halbe Stunde und machte
bann mit August einen Ritt um die Wälle und durch die vor-
nehmsten Straßen der Stadt. Hier war eine ungeheure Volks-
menge versammelt, um den fünfundzwanzigjährigen
Helden zu sehen, den gewaltigen Beschützer der Protestanten, der allerdings das, was seit neunundfünfzig Jahren

---

*) Nach anderer Mitteilung hat sich Karl durch einen Unteroffizier
der Hauptwache zu August führen lassen; auch soll er sieben Begleiter gehabt haben. (A.)

nicht vom Kaiserhofe zu erlangen gewesen war, in Schlesien*)
jetzt durchgesetzt hatte. Langsam ritten die beiden Könige bis zum
Tore. Dreimal donnerten dort die Kanonen von den Wällen, August
begleitete dann Karl noch auf eine halbe Meile bis Neudorf,
dann nahm er Abschied — Abschied auf immer. Mit höchster
Freude empfingen den Schwedenkönig im Lager zu Oberau seine
durch die verwegene Visite, die ganz Europa damals in Verwunderung setzte, nicht wenig bestürzten Generale. Als am andern
Tage die Nachricht bei den Schweden umlief, daß August ein
großes Konseil berufen habe, äußerte der Wiener schwedische
Gesandte Baron Strahlenheim: „Ihr werdet sehen, daß sie heute
beschließen, was sie gestern hätten tun sollen."

Der Aufenthalt der Schweden in Sachsen hatte gerade ein
Jahr gedauert. Er kostete — nach Augusts eigener Angabe in
seinem späteren Manifest vom 8. August 1709 — das Land über
breiundzwanzig Millionen an Geld und Naturalliefe-
rungen und 12,000, nach anderen Nachrichten sogar 24,000
Menschen, Rekruten, die Karl mit Gewalt hatte ausheben lassen.
Mit 20,000 Mann, nach anderen Nachrichten mit 26,000 war der
König in Sachsen eingerückt, mit 32,000 Mann, nach anderen Nachrichten sogar mit über 40,000 Mann zog er ab. Ebenso hatte
er es in Polen gemacht: 1702 war er mit 12,000 Mann eingerückt,
1704 hatte er schon 33,000 Mann. Karl zog nach Rußland, um
dort sein benkwürdiges Schicksal zu erfüllen — „das Schicksal
Phaetons", wie Peter der Große am Schlachttage von Pultawa
schrieb.

Nach der Niederlage bei Pultawa sind Tausende der in Sachsen
ausgehobenen Soldaten als Kriegsgefangene nach Sibirien trans-
portiert worden, und ihre Nachkommen leben wohl noch dort.
„Was die Sachsen bei dem Abmarsch der Schweden am meisten
gelobt," sagen die Frankfurter Relationen, „ist gewesen die gute
Ordnung und dann, daß vor dem Abzug alle schwedischen Offiziere
und Soldaten ihre Schulden bezahlen müssen."

Sofort nach dem Abzuge der Schweden überließ sich August
wieder den Lustbarkeiten. Am 19. September 1707 z. B. hielt er
in Dresden ein großes Vogelschießen ab. Zur Ostermesse 1708

---

*) Den Vertrag wegen der „Gnadenkirchen", die jesuitische Gegenrefor-
matoren ben Protestanten genommen hatten. (A.)

ging er wie gewöhnlich nach Leipzig.*) Im Sommer desselben
Jahres begab er sich — freiwillig, um sich dem Kaiser gefällig
zu erweisen — zum Feldzuge gegen die Franzosen an den Rhein
und kehrte erst zu Weihnachten von der Belagerung Ryssels (Lille)
und von den Brüsseler Balletteusen nach Dresden zurück. Der
Karneval 1709 war glänzender, als einer je zuvor am sächsischen
Hofe. Im Juni kam König Friedrich IV. von Dänemark nach
Dresden. Einem Feuerwerk ihm zu Ehren, das die Belagerung
von Ryssel darstellte und nach den Frankfurter Relationen über
10,000 Taler, nach den Lettres historiques 80,000 Gulden gekostet haben soll, folgte alsbald ein höchst prachtvolles Reitfest,
an dem über 1500 Adelige teilnahmen. Von den Kosten dieses
„Karussells" kann man sich ungefähr einen Begriff machen, wenn
man liest, daß der erste Preis nicht weniger als 36,000 Taler
betrug! — Und das alles in dem durch die schwedische Besetzung
aufs äußerste ausgesaugten Lande!**)

Dann reiste August mit dem Könige von Dänemark nach
Berlin zum Könige von Preußen, um dort vom 2. bis 17. Juli
zu bleiben.

Kurz nach der Rückkehr beider traf in Dresden die Kunde
von der schweren Niederlage Karls XII. bei Pultawa am 8. Juli
1709 ein, die diesen infolge Zersprengung der schwedischen Truppen
zum Rückzug auf türkisches Gebiet nötigte, wo er fünf Jahre
lang erst in Bender und dann in Adrianopel lebte. — Nach Angabe der Lettres historiques war August der erste deutsche Fürst,
der die Nachricht vom Siege der Russen drucken ließ.

Nach dieser Katastrophe hielt sich August nicht mehr für ge-
bunden, den „erzwungenen" schlimmen Altranstädter Frieden zu
respektieren. Er erließ deshalb unterm 8. August 1709 ein Manifest und brach, nachdem er mit dem König von Dänemark, der
von der herrlichen Bewirtung fast ganz bezaubert war, ein neues

---

*) August liebte die Leipziger Messe über alles, er war da in dem großen
Frembengewühl ganz ungeniert, man sah ihn dort sogar jederzeit Tabak
rauchen. Dort besorgte er auch sehr häufig Einkäufe von kostbaren Ge-
schenken für seine Mätressen.

**) Viele Bauern hatten Haus und Hof verlassen, vielerorts sah man
wüste Äcker — Sachsen ist ja überhaupt im Laufe der häufigen Kriegszeiten
reich an „wüsten Marken" geworden — und niedergebrannte Höfe; Krank-
heiten und Hungersnöte verbreiteten noch mehr Elend und Jammer!

Bündnis gegen Schweden abgeschlossen, noch im selben Monat an der Spitze von 11,000 Mann wieder nach Polen auf. Am 8. Oktober 1709 hatte er die dritte Zusammenkunft mit dem Zaren zu Thorn. August verließ diese Stadt am 10. November, und am 24. November war er schon wieder in Dresden. Darauf ging er mit dem Kurprinzen und der von Torgau kommenden Kurfürstin Eberhardine auf die Neujahrsmesse nach Leipzig und empfing dort den Besuch des Königs und Kronprinzen von Preußen mit dem alten Dessauer vom 3. bis 9. Januar 1710. Insgesamt waren gegen vierzig fürstliche Personen während dieser Messe bei August zu Besuch. Am 2. Februar 1710 zu Lichtmeß war August dann schon wieder in Warschau.

Es gelang ihm, sich gegen den Gegenkönig Stanislaus Lesczinski zu behaupten; dieser behielt nur den Königstitel und begab sich nach Frankreich.

August regierte nun das unruhige, von immerwährenden Adelsfaktionen bewegte und aufgeregte Land noch nahe an ein Vierteljahrhundert. Ebenso unruhigen Gemüts wie die Nation war ihr König. Wenn es jemals einen Herrn gegeben hat, der die Veränderung liebte und das Neue, so war es August der Starke. Er war fortwährend auf der Reise, abwechselnd in Polen und in Sachsen.

Er meinte, das gehöre so zu seinen Herrscherpflichten! Damals gab es ja auch den merkwürdigen volkswirtschaftlichen Lehrsatz, die Fürsten täten gut daran, viel zu verprassen, damit „Geld unter die Leute kommt". Das überruhige Sachsenvolk nahm seinen Kurfürsten, wie er sich gab, und gönnte ihm samt seiner Hofgesellschaft alle Vergnügungen ganz gern!

Viertes Kapitel.

Befürchtungen der Sachsen wegen des Religionswechsels — Durchbrechung des Grundsatzes: cuius regio, ejus religio oder nicht? — Jahrhunderte währendes Mißtrauen — August als Freigeist — Sein religiöser Indifferentismus — Katholische Bemühungen in Sachsen — Augusts Religionsversprechungen — Katholische Fortschritte im Lande — Der Kurprinz — Seine Konfirmation und heimlich erzwungene Konversion — Augusts Heimlichtuerei, Heuchelei und Falschspiel — „Die armen Sachsen und auch die Königin jammern mich von Herzen" — Die schwer betroffene Mutter — Die sächsische Geistlichkeit und ihr Einfluß aufs Volk — Das Thorner Blutbad — Der Dresdner Religionstumult — Die Kreuzigung des Magisters Hahn.

Dagegen wich die öffentliche Meinung in Religionssachen sehr stark von dem ab, was man in Hofkreisen darüber festhielt. Die Sachsen fürchteten katholische Umtriebe zur Wiedereinführung des Katholizismus im Lande als Staats- und Volksreligion unter Verdrängung der „reinen Lehre" Luthers. Sicher war dies im Bestreben der katholischen Kirche, aber die Wachsamkeit des Volkes hinderte die Verwirklichung des Vorhabens. Mehr oder minder ist solches Mißtrauen des sächsischen Volkes zwei Jahrhunderte lang bis auf die Gegenwart lebendig geblieben.

In Augusts Natur und Wesen lag allerdings Bigotterie und Proselytenmacherei nicht! August war ein Freigeist. Er wurde kein überzeugter Katholik, wie er kein überzeugter Lutheraner gewesen war. Sein Übertritt zur katholischen Kirche war ebenso Mittel zum Zweck, in erster Reihe dem, König von Polen werden zu können, wie es der von ihm später mit Mühen und Ränken durchgesetzte Übertritt seines Sohnes war.

Bigotterie war sein geringster Fehler. Als Beweis hierfür führe ich nur folgende Vorkommnisse und Gewährsleute an: In Wien war einmal seinem Freunde Joseph I. nachts ein mit Ketten rasselnder „Geist" erschienen, hatte vorgegeben, er komme direkt aus dem Fegefeuer mit dem Auftrage, Joseph vor dem Umgange mit dem protestantischen Prinzen Friedrich August — nach anderer Lesart: vor seinem früheren Erzieher Baron von Rummel — zu warnen. Der „Geist", der kein anderer als ein Pater Jesuit[*]) war,

---

[*]) Derartige „Geistererscheinungen" hat die katholische Geistlichkeit auch am sächsischen Hofe in Dresden einigemal in Szene gesetzt. 1769 z. B. wollte man wissen, der jungen Kurfürstin Amalie Auguste sei in der Nacht ein Gespenst erschienen, um ihr über ihr Verhalten in Bezug auf die Religion Ratschläge zu erteilen; es sei aber bei seinem nächsten Besuche von

hatte, fein „Wiederericheinen" in der dritten aber vierten Nacht angekündigt, um Josephs Entschluß zu hören. August, dem dieser fein Erlebnis erzählt hatte, wachte bei ihm und warf den wieder erschienenen „Geist" kurzerhand zum Fenster hinaus in den Burggraben mit den Worten: „So, da geh ins Fegefeuer, woher du gekommen bist." Ein Beinbruch war die Folge dieser geistlich-geistigen Mission.

Behse führt hierzu folgendes aus:

„August, sagt man," schreibt Dorn, „hat die Religion verändert! Ich würde es zugeben, wenn ich gewiß wüßte, daß er zuvor eine gehabt hätte. Es ist bekannt, daß er von Jugend auf ein kleiner Freigeist war, der nicht mehr glaubte, als was viele unserer Fürstenkinder insgemein zu glauben pflegen; nämlich daß ein Gott im Himmel sei, sie aber als Fürsten auf Erden tun können, was sie wollten. August hatte demnach, als er zur römischen Kirche überging, eigentlich noch keine Religion: man kann also nicht von ihm sagen, daß er die seinige verändert hätte; er nahm nur eine an. Wie eifrig aber er sich darin erzeigt, lehrte unter anderm das Exempel mit seinem großen Hund, dem er den Rosenkranz um den Hals hing, da ihn fein Beichtvater erinnerte, der Messe mit beizuwohnen. Wir könnten dergleichen Begebenheiten noch verschiedene anführen, um zu beweisen, daß die Herren Katholiken eben gar keinen eifrigen Proselyten an S. Kön. Maj. gemacht haben."

Noch kurz vor seinem Tod erklärte Faßul: „Der selige Kaiser (Leopold I.) schrieb mir einsmals, ich sollte den König mit guter Manier zu einem regulären Stande bringen. Diesen Brief wies ich dem König; da lächelte er, sprechend: ‚der Alte sollte sich um's Fegefeuer bekümmern, er kommt eher dahin, als ich.' Ihro Hoheit, die Frau Mutter des K. August haben mich in selbigem Falle versucht; ich habe es getan, aber Undank verdienet und mich deswegen in Ungelegenheit gesetzt."

August war indifferent, aufgeklärt war er nicht. Er dachte nicht daran, ein Toleranzedikt, wie in Preußen und Hessen geschehen war, zu erlassen und gewerbfleißige reformierte Emigranten ins Land zu ziehen, obgleich, wie Wolfframsdorff (im „Portrait de la cour de Pologne") sehr richtig bemerkt, „dies Mittel ihn in den Stand würde gesetzt haben, die Unverschämtheit und den Geiz seiner Geistlichkeit zu zügeln, die ihm beständig entgegen ist und in ihren Predigten das Volk gegen ihn aufregt: eine bedenklichere Sache, als sie dem Anschein nach ist."

Obgleich der König seiner eigensten Natur gemäß im Religionspunkt also indifferent war und in der Hauptsache das Mandat von Lobskowa einhielt, das den Protestanten, der einzigen im Lande herrschenden Religionspartei der Lutheraner, den vollen und ganzen Umfang ihrer Rechte versichert hatte, geschah doch sehr bald auf Anstiften der Jesuiten und des Papstes manches

zwei Personen, angeblich den beiden Brüdern des Kurfürsten (Friedrich August, der 1806 der erste König von Sachsen ward und später den Beinamen „der Gerechte" erhielt) so empfangen worden, daß — Pater Ihzel nach drei Tagen daran gestorben sei. (A.)

zum Vorschub des Katholizismus, und das Volk bezeigte sich dabei
sehr schwierig und widerhaarig. Es wurde, ohne daß es dessen
gewahr ward, von der lutherischen Geistlichkeit nach ihren
hierarchischen Zwecken gelenkt. Schon die Ernennung eines Katholiken zum Statthalter Sachsens 1697 in der Person des Fürsten
von Fürstenberg hatte böses Blut gemacht. Die englische Regierung,
um das beiläufig einzuschalten, bezeigte deutlichst ihr Mißfallen
über die Konversion des Hauptes der Protestanten in Deutschland;
nach den Lexington Papers ward August geradezu der Hosen-
bandorden abgeschlagen, um dessen Verschaffung er ausdrücklich
den Wiener englischen Gesandten Lord Lexington angegangen hatte.

Als August im Herbste 1699 wieder aus Polen nach seinen Erbstaaten
zurückgekommen war, hatte ihn als sein Beichtvater der Pater Bota,
einer der weltklügsten und witzigsten Jesuiten, damals schon ein vier-
undsiebzigjähriger Mann neben verschiedenen polnischen Prälaten begleitet.
Bald kam auch der päpstliche Nuntius Davia nach. Den Sommer vorher
schon war der Bischof von Raab nach Sachsen in Geschäften des Königs
gekommen, hatte sich überall in seinem geistlichen Ornate gezeigt und im
kaiserlichen Gesandtschaftshause an der Moritzstraße zu Dresden am Jo-
hannisfest und am Sonntag darauf die Messe bei offnen Türen vor einer
neugierigen Menge gelesen.

Kaum war August in Sachsen angelangt, so bestürmten ihn
die Katholiken um Schritte zu ihren Gunsten. August aber, der,
an der Schwelle des nordischen Kriegs stehend, schwere Leistungen
von Sachsen erhoffte, vertröstete sie vorerst auf bessere Zeiten.
Das Mandat von Lobslowa vom 7. August 1697 besagte unter
Versicherung: „daß er nicht etwa aus Consideration einiger
Würden oder Nutzens, sondern allein Gott vor Augen habend,
den römisch-katholisch-apostolischen Glauben unlängst angenommen"
— „daß er seine lieben Landstände und Untertanen bei dero Augs-
burgischen Confession, hergebrachten Gewissensfreiheit, Kirchen,
Gottesdienst, Zeremonien, Universitäten, Schulen und fort allen
andern, wie dieselbe solche anjetzo besitzen, allergnädigst kräftigst
erhalten und handhaben, sodann auch niemand zu seiner jetzt
angenommenen katholischen Religion zwingen, sondern jedwedem
sein Gewissen frei lassen werde." Ein späteres Mandat aus
Krakau vom 29. September 1697, das die Stände erwirkt
hatten, gab dieser Zusicherung noch etwas präziseren Ausdruck.
Diese zweite Urkunde hatte übrigens der Bischof von Raab als
damaliger Großkanzler gegengezeichnet.

Außer seiner Schloßkapelle in Dresden richtete daher August 1699 nur die Kirche des Jagdschlosses Moritzburg für den katholischen Gottesdienst ein. Sie ward 1699 Weihnachten feierlich eingeweiht, Pater Bota hielt die Messe, während die Glocken geläutet und Posaunen geblasen wurden. Nur noch die Kirche einer Johanniter-Kommende gab der König den Katholiken zurück; einen Kirchenbau zu Leipzig, zu dem sich die Katholiken gegen Zusicherung der Religionsfreiheit aus eignen Mitteln erboten hatten, genehmigte er nicht, ließ aber, als er zur Neujahrsmesse 1700 nach Leipzig kam, durch den ihn begleitenden Nuntius in seinem Quartier Messe lesen und unter großem Zudrang des Volks Deutsch predigen, worauf sofort die lutherischen Prädikanten Kontroverspredigten anstellten.

Rom hatte seit dem Übertritt des Landesherrn allerdings auch auf das Land sein Augenmerk gerichtet. In einer archivalischen Handschrift, die Förster in seiner Hofgeschichte Augusts des Starken mitteilt: „Copia der Secreten Staats-Finten aus Jhro päpstlichen Heiligkeit Cabinet" heißt es unter anderm: „daß man bei Hebung eines am Thore der Hauptkirche zu Wittenberg vergrabenen Kirchen-Ornats an Kapellen, Kelchen, Bischofsstäben, Patellen, Leuchtern und andern dergleichen dahin trachten solle, wie man ein S c e l e t o n aus der Kirche mit wegbringen könne, was vor eines es auch sei", und daß man zu Rom den 4. Juni 1698 vermittelst eines Konsistorialschlusses dekretierte: „solches Sceleton zu Rom, zu Versicherung des Volks, unter dem Namen des Erzketzers L u t h e r verbrennen und die Asche aus einem Mörsel in die Gruft verstreuen zu lassen, um den Lutheranern eine Scheu zu verursachen und sie zur Profession (Ablegung des katholischen Bekenntnisses) zu locken, die Widerspenstigen aber zu beschimpfen und zur Raison bringen." Unwahrscheinlich ist so ein Coup gar nicht: der Zweck heiligte das Mittel.

Einzelne Bekehrungen von Privatpersonen folgten der Konversion des Königs frühzeitig: sie geschahen zum Teil aus demselben Grunde, aus dem August konvertiert hatte.

Sobald Clemens XI. Albani 1700 die Tiare empfangen hatte, lag er dem König durch den Fürsten Fürstenberg fortwährend an, mehr Eifer als seither für Förderung der katholischen Religion in Sachsen zu bezeigen. . . . . Der nordische Krieg und namentlich der Einfall des streng lutherischen Karl XII. ließen die päpstliche Ungeduld hinwiederum warten.

Nach dem Abzug der Schweden wurde 1708 am Gründonnerstag die bamals aus dem alten Opernhause umgebaute katholische Schloßkapelle zu Dresden mit öffentlichem Gottesdienste eingeweiht. Der Jesuit Bota, nunmehr von der Propaganda zum apostolischen Präfekten der Missionen von ganz Sachsen ernannt, leitete die Eröffnungsfeierlichkeit, der König gab der Kirche einen Vorsteher, sechs Kapläne, zehn Kleriker für das Chor und die Altäre, einen Glöckner, einen Kapellmeister, einen Organisten und einen Pförtner.

„Mit dieser Hauptkirche, heiliger Vater," hatte August an den Papst am 13. Februar 1708 geschrieben, „werde ich, fest entschlossen, unter den heiligsten Auspizien Eurer Heiligkeit die katholische Religion in allen meinen Staaten wieder aufblühen zu lassen, meine Aufgabe keineswegs für erledigt erachten. Diese Mutter wird in kurzer Frist, wenn der Himmel meine Bemühungen segnet, viele Töchter haben." Alsbald wurden 1200 Taler für die Mission in Leipzig ausgeworfen. Zugleich wurden in genauen Statuten die Rechte und Pflichten des der neuen Kirche zugeordneten Klerus bestimmt; der König besoldete sie hinlänglich, verbot aber die Annahme aller und jeder Akzidenzien für Beichten, Taufen, Trauungen usw., weil, wie es in den Reglements du Roi pour l'Eglise etc. heißt, die der Oratoriumspriester Theiner in seiner „Geschichte der Zurückkehr der Häuser Braunschweig und Sachsen in den Schooß der katholischen Kirche", Einsiedeln 1843, mit hat abdrucken lassen — „ce désintéressement édifiera les adversaires". Bald nach Pfingsten 1708 kam auch der 1706 zum Kardinal erhobene ehemalige Bischof von Raab nach Dresden, hielt ein glänzendes Pontifikalamt, saß etliche Tage zur Beichte und erteilte die Firmung. Der Papst empfahl Vertrauen zu den katholischen Räten, insbesondere zu Fürstenberg, und deren Vermehrung. Fürstenberg erhielt besonderes Lob über den Erfolg der Missionäre und den Rat, diese überall nur mit Bescheidenheit und gewinnender Milde auftreten zu lassen. Im Januar 1710 erschien als außerordentlicher Nuntius des Papstes Neffe Annibale Albani mit seinem Begleiter Giovanni Battista Salerno, einem schlauen Jesuiten, Rektor des deutschen Kollegiums zu Rom, der jedoch nur als Hofkavalier verkleidet auftrat. Er blieb nach der Abreise Albanis, der nachher Kardinal ward, in Sachsen, und jetzt begannen die Missionare ein freieres Spiel. Im Juni 1710 las man in Leipzig die erste Messe. Bald darauf zogen Emissäre umher, suchten übergetretene Mönche und andere Personen, die nach Sachsen geflüchtet waren, zum Rücktritt zu bestimmen und zeigten ein päpstliches Dekret vom 4. Oktober 1710 vor, das nicht nur Amnestie für den Abfall und alle etwa begangenen Verbrechen verhieß, sondern unter gewissen Bedingungen auch die Wiedereinsetzung in Ehren und Würden. Die Jesuiten kauften in Dresden unter fremdem Namen ein Haus und errichteten eine Erziehungsanstalt darin. Die Priester besuchten Kranke und in Untersuchung gezogene Personen, boten Geld, verlockten Kinder und Gesinde." — Soweit vorläufig Behses Darstellung.

Mit größtem Mißtrauen und schwersten Befürchtungen sahen die Sachsen der Zeit entgegen, da Augusts einziger Sohn, der 1696 geborene Kurprinz Friedrich August, den Kinderjahren und der Erziehung durch seine Großmutter Anna Sophie und seine

Mutter Eleonore Eberhardine, die das Volk „Sachsens Betsäule"
nannte, entwachsen sein würde.

Über die Geschichte des dann ja auch 1712 heimlich und 1717
öffentlich erfolgten Übertritts dieses Prinzen zum Katholizismus
mag hier eine ausführlichere und korrektere Darstellung folgen,
als sie Vehse gibt. Diese Geschichte nämlich ist für die Stimmung
in der protestantischen Welt von damals ebenso, wie für die
Charakteristik Augusts des Starken äußerst wichtig, weshalb sie
hier einigen Raum beanspruchen darf.

Nach seiner im Oktober 1710 erfolgten Konfirmation mußte
der Kurprinz seinem Vater im Mai 1711 nach Polen und dann im
Juli nach Prag folgen, wo der König-Kurfürst mit hochgestellten
Klerikern, darunter dem Kardinal von Sachsen, die Bildung eines
neuen Hofstaats aus lauter Katholiken für ihn verabredete, um so
die Konversion anzubahnen. Der Prinz erfuhr nichts davon, mochte
aber eine Ahnung haben, denn nach Dresden zurückgekehrt, wo
schon das Gerücht von seiner Glaubensänderung im Schwange
war, besuchte er am nächsten Sonntage die lutherische Kirche und
legte sich den Namen Constans, der Beständige, bei. Der König
sandte damals seinen Beichtvater Pater Vota trotz seiner 86 Lebensjahre zum Papst nach Rom. Schon am 4. September 1701 hatte
August dem Papste versprochen, den Kurprinzen katholisch erziehen
zu wollen, und beteuert, er sei entschlossen, für den hl. Stuhl selbst
sein Blut zu verspritzen. Dabei hatte er indessen angedeutet, seine
gegenwärtige Lage biete der Verwirklichung dieser Zusage noch
Schwierigkeiten. Und nur fünf Monate später, am 8. Februar
1702, hatte August den protestantischen Ständen seines Sachsen-
landes zugesagt, „daß die education Ihrer Hoheit zu Gottes
Ehren und des Landes consolation und vergnüglichem Bestem geschehen solle". Gegen Ende 1711 mußte der Prinz zur Kaiserwahl
Karls VI. nach Frankfurt reisen und erschien auch dort noch beim
evangelischen Gottesdienste. Dort wechselte in der Tat und so,
wie in Prag beschlossen, der Hofstaat. Dann eröffnete man dem
15 1/4 jährigen Prinzen, er solle nach dem Willen seines Vaters
auf Reisen gehen und zunächst den Karneval in Venedig sehen.
Im Januar 1712 erfolgte die Abreise von Frankfurt, und sieben
ganze Jahre hielt man ihn vom Vaterlande fern; seine Briefe
gingen stets durch die Hände seiner Hofmeister, die auch das Zusam-
mentreffen mit diplomatischen Personen nach Möglichkeit vermieden.

Die sächsischen Stände erinnerten den Kurfürsten an sein Versprechen vom 8. Februar 1702 betreffs seines Sohnes, der sich nunmehr im gefährlichen Italien befände. August vertröstete sie auf dessen baldige Wiederkehr und ließ durch die Minister wiederholt die Standhaftigkeit des Prinzen in der evangelischen Religion „bei den ihm aufstoßenden mächtigen Versuchungen" beteuern. Ja, noch mehr; als der Kurprinz Mittel und Wege gefunden hatte, sich an Gesandte fremder protestantischer Mächte zu wenden und sie um Rettung aus seiner Not anzuflehen, richteten Königin Anna von England und Friedrich IV. von Dänemark Vorstellungen an August. Der Königin Anna, die den Kurprinzen zugleich im September nach England einlud, versicherte der Kurfürst unterm 30. ebengen. Monats, er habe niemals und auch jetzt nicht beabsichtigt, seinen Sohn übertreten zu lassen; zwei Monate später aber, am 27. November 1712, erfolgte in Bologna der Glaubenswechsel des Prinzen.

Friedrich IV. bezog sich in seinem Vorhalte auf frühere Warnungen, da der „besorgte Schritt" den Prinzen und seine Nachkommenschaft von der erhofften Erbfolge in Dänemark*) ausschließen müsse.

Noch wenige Tage vor der öffentlichen Übertrittserklärung des Prinzen im Oktober 1717 in Wien stellte der dänische Gesandte Baron Weyberg, den man nicht zum Prinzen vorgelassen hatte, dem österreichischen „Hofkanzler" in „gar harten und starken" Worten vor: „daß der Chur-Prinz zu Frankfurth 1711 bei der Kayserkrönung ihn um Gottes Willen gebeten, seinem Könige zu schreiben und zu bitten, daß man ihn doch retten mögte, weil man ihn zur Catholischen Religion zwingen wollte, Er aber dieselbe nicht annehmen könnte, sondern bey der, bey welcher Er erzogen worden, zu leben und sterben resolviret wäre, worauf Er ihm auch die Hand gegeben und verlangt, daß der König sein Herr (Friedrich IV.) damahlen an die Königin Anna von Engelland schreiben und sie bitten sollte, daß man Ihn doch nicht verlassen mögte". Im Verlaufe dieser Unterredung bedeutete der Gesandte den Kanzler noch dahin, wenn man am Hofe des Kaisers meine, „es sey nun Zeit, die Evangelische Religion zu unter-

---

*) Seine Großmutter war bekanntlich eine dänische Prinzessin.

brücken, weil der König von Schweden (Karl XII.) aus Deutschland geschaffet sey, so könne man ihn wohl wieder herein bringen,
und wenn dem Kayserlichen Hof mit einem 30jährigen Krieg ge-
bienet wäre, so könnte Er auch leichte dazu kommen. Unterdessen
würden Preußen und Hessen Kassel vigore confraternitatis, auch
die übrigen Evangelischen Stände nicht zulaßen, daß ein Bauer,
geschweige ein Dorff in Sachßen catholisch gemacht werde . . . . ."
In sehr heftigen Worten, so heißt es in diesem Bericht an
anderer Stelle, habe der Gesandte den „fast ängstlich" gewordenen
Kanzler auch an das Versprechen der Kaiser, die evangelische
Religion zu schützen, erinnert. Auch habe er Osterreich darauf
hingewiesen, daß durch des sächsischen Kurprinzen Konversion die
Macht Preußens eine erhebliche Stärkung erführe, zumal man
dem preußischen Könige das Direktorium (der Angelegenheiten der
protestantischen Kirche auf den Reichstagen) übertragen würde.

Der Papst, der Augusts Charakter und Gesinnung kannte
und wohl annehmen mochte, daß dieser die Bekehrung seines
Sohnes nicht eben mit besonderem Eifer betreibe, gab diesen Ver-
wendungen ein Gegengewicht durch ein Breve vom Anfang November, in dem er an August schrieb: „Nicht ohne äußerstes
Erstaunen habe er von den Attentaten gehört, mit denen sich einige
protestantische Fürsten herausnähmen (!), der freiwilligen (!)
eigensten Bekehrung des Prinzen (spontanea e libera conversione
del Real Principe) in den Weg zu treten. Würde dieser katholisch,
so werde er für den Fall eines Angriffs von seiten jener Fürsten
dem König nicht nur mit seinem ganzen Einflusse zur Seite stehen,
sondern auch mit Geldhilfe, und sollte er selbst seine
dreifache Krone (tiara) verkaufen müssen."

Im Reisegefolge des Kurprinzen befanden sich außer drei
katholischen Adeligen, zwei Polen und einem Sachsen, auch drei
Jesuiten in weltlicher Kleidung als Kavaliere und Sekretäre.
Vergebens hatten also Mutter und Großmutter den jungen
Prinzen gewarnt, sich vor verkappten Jesuiten in seinem Ge-
folge in acht zu nehmen. Als der Kurprinz dann im strengsten
Geheimnis sein Glaubensbekenntnis in die Hände des Kardinal-
Legaten Cassoni abgelegt hatte, wünschte der Papst ihm Glück
und dankte dem Himmel für die Erleuchtung „dieses großen
Geistes" — man bedenke eines eben erst 16 Jahre alt ge-
wordenen Jünglings!

Wie schon gesagt, blieb der Übertritt des Kurprinzen fünf Jahre lang tiefes Geheimnis. Weil die Stände im März 1713 erneut um seine Zurückberufung nach Sachsen baten, verbot ihm sein Vater die Weiterreise nach Rom, und der Papst billigte diese Vorsicht. Im Herbst trat der Prinz die Rückreise nach Deutschland an und ging über Augsburg, Frankfurt, Mainz und Köln nach Düsseldorf, wo er am Hofe des eifrig katholischen Kurfürsten Johann Wilhelm von der Pfalz den Winter verbrachte, um dann zu Ludwig XIV. nach Paris zu reisen, den der Papst in das Geheimnis eingeweiht hatte.

Anfangs Juni 1714 soll, was aber nicht zur Genüge verbürgt erscheint, ein Komplott bestanden haben, um den Kurprinzen zwischen Köln und Aachen „aufzuheben" und nach Schweden zu entführen; ein höherer schwedischer Offizier soll das Haupt dieses Anschlags gewesen sein. Die Protestanten witterten eben Unheil, und die Katholischen fürchteten einen Zurücktritt des Prinzen zur lutherischen Religion. Seine Großmutter und Mutter sollen noch später, als der Prinz schon in Paris war, den Versuch gemacht haben, ihn zum Beharren beim Luthertum — sie wußten eben nichts von seinem Übertritte — zu ermahnen und zur schleunigen Rückkehr nach Dresden zu bewegen, indem sie ihm schrieben, die Sachsen seien bereit, ihm alsbald die Regierung zu übertragen. Ähnliche Anerbieten hat ihm wahrscheinlich auch der englische Gesandte in Paris gemacht. In den Briefen Liselottes, der wackeren Herzogin von Orleans, finden sich äußerst beachtenswerte Anhaltspunkte dafür, wie schwer es dem Prinzen anfangs gefallen sein muß, den Übertritt getan zu haben und zu verheimlichen. Später lernte er das Heucheln und Täuschen besser; er gab darin seinem Vater dann nichts mehr nach. Seiner, wie schon wiederholt angeführt, streng protestantisch gebliebenen Mutter schrieb er nach dem „Mercure historique et politique" noch im Februar 1716, er werde in der protestantischen Religion verharren.

Nachdem der Kurprinz im Mai 1715 von Ludwig XIV., der noch im Laufe des Sommers starb, Abschied genommen hatte, reiste er auf großem Umwege durch Frankreich nach Nord-Italien zurück, wo er bis in den Juli 1717 verblieb.

Am 1. Juli ebengenannten Jahres verstarb seines Vaters Mutter, die gleich seiner eigenen Mutter streng lutherisch gebliebene Kurfürstin-Witwe Anna Sophie, die in Sachsen in so ungemein hohem Ansehen stand, daß August der Starke zu ihren Lebzeiten niemals gewagt hätte, sie durch Mitteilung vom Übertritte seines Sohnes zu beleidigen. Auf seine Gemahlin Eleonore Eberhardine nahm er derartige Rücksicht nicht! Schon am 13. Juli gab August seine endgültige Einwilligung zum Abschluß des Heiratskontrakts für seinen Sohn und die katholische österreichische Prinzessin Josephine, und am 11. Oktober erfolgte in Wien die öffentliche Erklärung vom Übertritte des Kurprinzen zur katholischen Kirche.

Für den Papst ist dessen Schreiben an den Kurprinzen vom 22. Oktober 1717 charakteristisch. Clemens konnte sich in seinen Briefen und Erlassen fast nie genug tun bei Versicherungen, daß er bei dem in Rede stehenden Anlaß heftig geweint habe. Er scheint, wenn man dem heil. Manne glauben schenken darf, überhaupt stets um verlorene oder gewonnene Seelen geweint zu haben und muß vor anderen sterblichen Männern durch größte Ergiebigkeit der Tränendrüsen ausgezeichnet gewesen sein. Im bereits bezeichneten Briefe läßt er sich also vernehmen: „Die aus Unsern freudetrunkenen Augen Uns ausströmenden Thränen lassen nicht zu, mit Worten den Trost auszudrücken, womit Wir erfüllet worden sind, und wie Unser Herz vor Freuden gehüpft, als wir … vernommen ……"

Kurz nach dem Übertritte des Prinzen, am 27. November, schrieb die wackere Liselotte an ihre Halbschwester, die Raugräfin Luise, die benkwürdigen Worte:

Wo Pfaffen sich einflicken, helfen Versprechungen gar nichts; also mag der König in (von) Polen seinem Land (Sachsen) wohl viel versprechen; steckt er Mönchen und Pfaffen und Klöster in Sachsen, wird nichts gehalten werden. Die armen Sachsen und auch die Königin jammern mich von Herzen. Die Königin soll zweimal ohnmächtig geworden sein, diese arme Königin leidet wohl in diesem Leben. Ich kann die Falschheit vom König in Polen nicht leiden, daß er tut, als wenn er nichts davon gewußt hätte, da er doch mit dem Papste angelegt alles, was vorgegangen. Ich

fürchte, daß der Sohn*) ebenso falsch ist, als der Herr
Vater.**) Das ist wohl wahr, daß es gar nicht christlich ist,
Leute wegen der Religion zu plagen, ich finde es abscheulich;
aber wenn's man recht ausgründet, hat die Religion den
wenigsten Part daran, und geschieht alles aus Politik
und Interesse, dienen alle dem Mammon, aber unserm
Herr Gott nicht.

„Wäre das Gestirn Friedrichs des Großen nicht über
Deutschland aufgegangen", schreibt Vehse, „so hätte allerdings
die Befürchtung der alten Herzogin eine traurige Erfüllung erhalten können." Man muß ihm recht geben; mag Sachsen durch
grundverkehrte Politik auch wirtschaftlich in den Kriegen Friedrichs unendlich gelitten haben, seine Freiheit in religiöser
und damit kultureller Beziehung hat es diesen doch zu ver-
danken, zumal inzwischen die Aufklärung in Deutschland
mächtige Fortschritte machte.

Wie richtig übrigens die Herzogin Elisabeth Charlotte betreffs der Kurfürstin Eberhardine geurteilt hat, zeigt der Brief,
den die unglückliche Gattin und Mutter am zweiten Säkulartage
der Reformation, am 31. Oktober 1717 von Pretsch bei Torgau
aus an ihren und Augusts Sohn, den Kurprinzen, geschrieben hat.

---

*) Am 11. Dezember 1717 schreibt sie: „Alles, was des Kurprinzen
von Sachsen Hofmeister gethan, war lauter Falschheit, denn in derselben
Zeit, daß sie mich pressirten, Ihrem Prinzen wegen der Religion zuzu-
sprechen, thaten sie dem König Seligen (Ludwig XIV.) die Confidenz, daß
der Kurprinz katholisch sei und alle Tage die Messe höre, aber heimlich
in seiner Kammer."

**) Heucheln konnte August der Starke ausgezeichnet. Hier noch ein
Nachweis dafür: Am 16. November 1710, also einen Monat nach seines
Sohnes Konfirmation, gab er dem Papste die Versicherung: „j'avais
ordonné expressement, que le Prince n'embrassât pas la religion
lutherienne" (ich hatte ausdrücklich befohlen, daß der Prinz die lutherische
Religion nicht annehmen sollte), und bei der öffentlichen Mitteilung von
des Prinzen Übertritte im November 1717 lautete die von August abgegebene
Erklärung diesen Worten schnurstracks entgegen: „es sei dem Prinzen von
Jugend auf vollkommene und ungehinderte Gewissensfreiheit gelassen worden; er habe jedoch einen besonderen Trieb und Neigung, sich zur römisch-
katholischen Religion zu begeben, bei sich verspürt und habe sich vor kurzem
zu Wien öffentlich zu derselben bekannt, weil er nach sattsamer Überzeugung
befunden, daß es sich vor ihn als einen königlichen Prinzen nicht schicken
würde, die von ihme allbereits vor fünf Jahren angenommene Religion
länger zu verbergen."

Mit vollem Rechte nennt ihn Förster ein der Aufbewahrung wertes „schönes Zeugnis von mütterlicher Liebe und evangelischer Treue". Wenigstens einige Sätze daraus hier einzuschalten, erscheint recht und billig, zumal sie uns auch einen bemerkenswerten Einblick in das Seelenleben der „anderen Hälfte" Augusts, allerdings einer wesentlich anders gearteten anderen Hälfte, vermitteln.

In dem Briefe der Kurfürstin heißt es am Eingange: „Mein Sohn, wenn Du den Jammer sehen solltest, welchen ich über die erbärmliche Nachricht Deines unglückseligen Abfalls von der wahren, seligmachenden Erkenntniß Gottes empfinde, so zweifle ich nicht, wofern Du mit Deinem wahren Gott nicht auch Deine stets treue Mutter verleugnet hast, Dein kindliches Herz werde über meine häufigen Thränen brechen. O Du Schmerzenssohn!" Weiterhin finden sich die Sätze: „Ach, so höre mich doch durch diesen Thränenbrief mit Dir reden! Mein Sohn, Du Sohn meines Leibes! Höre mich doch, damit Dich Dein Gott auch höre! Ich bin Deine Mutter, mein Sohn! Du Fleisch von meinem Fleisch! Von mir hast Du, wie Dein Gewissen Dir saget, alle mütterliche Treue, die Dir gewiß versprochen, daß in solchen Dingen, daran uns Christen am allermeisten gelegen, Deiner Seelen ewige Freude und Seligkeit betreffend, ich Dein Bestes suchen und verlangen werde." Ferner lesen wir: „Und also zwinget Dich, lieber Sohn, Deine Mutter, die sich mit Hunderttausend Thränen zu Deinen Füßen wirft, gehorsamst anzuhören, die Sorgfalt, so Du auf Deine Seligkeit tragen mußt. Verachte mich nicht, auf anstiften Deiner Verführer, daß ich ein Weib, so von Religions-Streitigkeiten zu urtheilen, und mit Dir zu unterhandeln, sich unterwinde." Am Schlusse dieses Briefes, der auch verschiedene Zitate aus der Bibel enthält und damit der Schreiberin Bibelfestigkeit nachweist, steht: „Nun lehre wieder, liebes Kind! mit dem verläugnenden Petro, damit . . . . ich Deine bißhero betrübte Mutter, zu frohlocken habe: Dieser mein Sohn war tobt und ist wieder lebendig worden. . . . O! seliger Tag! O! selige Stunde! O! erwünschte Post! so mich dessen berichten wird. Und darum will ich Gottes Güte Tag und Nacht anruffen, zweiffle auch nicht, Gott werde mein Gebet und heiße Thränen erhören, denn es kann doch kein Weib ihres Kindes vergessen, daß sie sich nicht erbarme über den Sohn ihres Leibes; darum will ich in keinem Gebet Deiner, o! Du in der größten Seelen-Gefahr schwebender Sohn, bey meinem Gott vergessen. Deine Dich zwar brünstig liebende, aber über Deinen erschrecklichen Abfall unaufhörlich seufzende und bitterlich weinende Mutter Eleonora Eberhardine von Bayreuth."

„Die lutherische Geistlichkeit in Sachsen", schreibt Vehse, „konnte sich über des Königs und des Kurprinzen Übertritt gar nicht beruhigen. Ihr Einfluß, der unter Johann Georg I., dem sächsischen David, kulminiert hatte, schwand immer sichtbarlicher dahin. An der Spitze der lutherischen Geistlichkeit in Sachsen stand der damalige, in der gelehrten Welt und im Volke sehr einflußreiche Superintendent von Dresden, Dr. Valentin Ernst Löscher, der erst unter der folgenden Regierung 1747 starb. Löscher war ein nahmhafter Gelehrter, Kirchenhistoriker und Herausgeber der „unschuldigen Nachrichten von alten und neuen theologischen Sachen," dabei ein starrer Orthodoxer, ein entschiedener Widersacher des Pietismus Speners. Er predigte eifrig auf der Kreuzkirchenkanzel gegen Papsttum und Indifferentismus. Er gab 1728 sogar eine „allerklärste mathematische Überzeugung des Papsttums" heraus, natürlich ohne zu überzeugen. Er machte 1729 eine „Rettung der ersten Reformationswahrheit gegen die melodischen Lehrsätze" bekannt, natürlich ohne mit seiner nicht sehr melodisch lautenden Polemik die protestantische Wahrheit gegen den Indifferentismus zu retten. Still, aber herbe wirkte die Gärung in den Gemütern. Im Jahre 1726 endlich brach sie in einem wütenden Volkstumulte aus.

Am 16. Juli 1724 war der berüchtigte Thorner vorausgegangen. Bei einer katholischen Prozession zu Thorn, damals zu Polen gehörig, hatte man die protestantischen Bürger mit Gewalt zu Kniebeugungen vor der Monstranz nötigen wollen, diese hatten Widerstand geleistet, es war aus dem Jesuitenkollegium auf sie geschossen worden, die Bürger hatten darauf das Kollegium gestürmt. August hatte drauf den Fürsten Lubomirsky mit 2400 Mann einrücken und nach summarischem Prozeß den Bürgermeister Rößner und neun Magistratspersonen und Bürger hinrichten lassen. König Friedrich Wilhelm I. von Preußen hatte in einem Schreiben vom 9. Januar 1725 unter Hinweisung auf „die Sentiments, die eine so grausame und barbarische Aktion in der ganzen räsonablen Welt, ohne Unterschied der Religionen erweckt", an die Abmachungen des Friedens von Oliva erinnert und sich energisch für „die armen Evangelischen verwendet, damit sie nicht in Polen den äußersten Tort und Unfug erleiden müßten." August entschuldigte sich beim Reichstage zu Regensburg, wo die Sache zur Sprache kam, damit, daß die Marschälle und Reichsgerichte in Polen während des Reichstags nach eigenem Gefallen handelten, ohne seinen Vorstellungen Gehör zu geben, und daß ihm auch kein Begnadigungsrecht zustehe.

Der Dresdner Tumult folgte zwei Jahre darauf: er kam wegen der Ermordung des protestantischen Archidiakonus

Magisters Hahn an der Kreuzkirche. Magister Hahn hatte
den katholischen Schloßtrabanten Laubler konvertiert. Dieser, dem
man die Konversion irgendwie in der Folge verleidet hatte, faßte
den blutigen Entschluß, seinen Belehrer zu kreuzigen. Er kaufte
einen Strick, drei große Nägel und am 20. Mai 1726 auf dem
Neustädter Jahrmarkt ein Messer. Er begab sich mit diesen Mord-
werkzeugen am folgenden Tage in die Wohnung des Magisters
und legte ihm die Frage vor: „ob er den Spruch verstehe: ein
guter Hirte läßt sein Leben für die Schafe." Darauf vollzog
er die entsetzliche Tat. Als sie bekannt ward, kam ganz Dresden
in Aufruhr: in den Wohnungen der Katholiken wurden die
Fenster eingeworfen, sie selbst gerieten in Lebensgefahr. Der
Gouverneur, Generalfeldmarschall Graf Wackerbarth, war ge-
nötigt, zwei Regimenter Infanterie und zwei Regimenter
Kavallerie einrücken zu lassen, Kanonen wurden auf dem Altmarkt
aufgefahren, sie mußten zwei Jahre lang stehen bleiben. Alle
lutherischen Prediger wurden um ihr Leben besorgt, der Superintendent Löscher erhielt sechzehn Mann Schutzwache, die übrigen
Prediger nach der Rangabstufung in geringerer Anzahl, um sie
vor ähnlichen katholischen Mördern sicher zu stellen. Laubler ward
schon am 18. Juli 1726 auf dem Altmarkte unter unglaublichem
Zudrang des Volks von oben herab gerädert."

Fünftes Kapitel.

Wie es sonst im Lande zuging — Was Polen kostete — „Ach, du
lieber Augustin, alles ist hin!" — Anleihen — Verkauf sächsischen Landes
— Neue Steuern — Lebensmittelverteuerung — Zwangsrekrutierungen
— Folter und Fahneneid — Die Landstände — Die Adelsvorrechte — Das
Adelsregiment — Allenthalben Mißwirtschaft und Unredlichkeit — Finanz-
wesen und Unwesen — Wie jeder in seine Tasche arbeitete — Das Heer-
wesen — Offiziere ohne Manneszucht — Darbende Soldaten — Handel
ums Recht — Milde Bestrafung abliger Missetäter — Schwere Ahndung
„bürgerlicher" Vergehen — Spiegelbild der sächsischen Adelskaste.

Das Theatrum Europaeum hat ausgerechnet, daß August der
Starke, um die polnische Krone zu behaupten, aus Sachsen
achtundachtzig Millionen Taler, gegen 40,000 Mann
Truppen, die nicht wieder kamen, und 800 Kanonen, die auch nicht

wieder kamen, entnommen habe. Schon die Kosten der Erwerbung des Throns beliefen sich auf elf Millionen Taler. Etwa 1704, vielleicht auch schon früher erschien eine Spottmünze, worauf ein Bauer ein Mädchen im Schubkarren fährt mit der Umschrift: „Ich fahre Sachsen nach Polen." Fast gleichzeitig, zum Neujahr 1705 hielt es die Hofschmeichelei für angebracht, dem Könige eine Medaille zu überreichen, die ihn als Herkules darstellt, der auf der Schulter eine Weltkugel mit besonders deutlicher Aufzeichnung von Polen, Sachsen und Litauen trägt und in der Hand eine Keule schwingt! Als bald darauf August die polnische Krone fahren lassen mußte, dichtete der Volksmund das Spottlied, das sich bis auf die Gegenwart wenigstens bruchstückweise erhalten hat: „O, du lieber Augustin, — alles ist hin! — Ach, du lieber Augustin, — alles ist weg! — Sachsen ist weg, — Polen ist weg, — August liegt im Dreck! — Ach, du lieber Augustin, — alles ist weg! — alles ist hin!"

Die Mittel, die August brauchte, um die für Polens Erwerbung und Behauptung nötigen Geldbedürfnisse zu decken, waren teils Anleihen in Holland, teils Landveräußerungen, teils neue Steuern. Die Anleihen waren weniger drückend, auch nicht so beträchtlich, weil der Kredit fehlte. Sehr nachteilig in ihren Folgen wurden die Landveräußerungen — und zwar um Bagatellsummen an die ohnedem schon mächtigen Nachbarn Preußen und Hannover — und die Überbürdung des Landes mit Steuern.

Im Krönungsjahre 1697 verkaufte August die Schutzvogtei über die Abtei und Stadt Quedlinburg nebst drei dazugehörigen Ämtern und das Reichsschulzenamt in Nordhausen an Brandenburg für 300,000 Thaler. Dazu kam das Amt Petersberg bei Halle mit dem alten Kloster, worin sich das älteste Erbbegräbnis der Wettiner befindet. August verkaufte auch dieses an Brandenburg für 40,000 Taler. Petersberg war ein Stück der alten Grafschaft Wettin, des „Wiegenlands" der sächsischen Fürsten. An die Nebenlinie Zeitz ward der Anteil von Hennebey um 45,000 Taler verkauft. Das Schlimmste war: an den Hof von Celle verkaufte August in demselben Jahre 1697 seine Rechte und Ansprüche an das im Jahre 1689 durch Aussterben der alten Herzoge erledigte Herzogtum Sachsen-Lauenburg an der Niederelbe bei Hamburg und damit die Küste und den freien Zutritt zum Meere um 1,100,000, nach den „Lettres historiques" für sechs Millionen Taler. Verpfändet wurde: der Anteil an der sequestrierten Grafschaft Mannsfeld an Hannover um 600,000 Taler, das thüringische Amt Kloster Pforta an Weimar um 100,000 Taler, das Amt Borna im Leipziger Kreise an Gotha um 300,000 Taler, das Amt Gräfen-Haynichen

im Kurkreis an Dessau um 35,000 Taler — im ganzen für gegen 1,200,000
Taler; Borna, um 300,000 Taler an Gotha versetzt, ward erst nach fünf-
undzwanzig Jahren 1722 wieder eingelöst.

Die Hauptratgeber zu diesen Landesveräußerungen Augusts waren seine
eigenen Minister: sie rieten zu diesen verderblichen Schritten, weil sie ihren
größten Privatvorteil dabei hatten. „Der Großkanzler Beichlingen," sagt
Wolfframsdorff, „überredete den König, dem Könige von Preußen, den
Herzogen von Zeitz und Gotha, dem Grafen von Schwarzburg und ich weiß
nicht an wen noch mehr Provinzen und Ämter von unschätzbarem Werte
zu veräußern, die er (August) nicht verkauft haben würde, wenn man
ihm die Sache gehörig vorgetragen hätte. Niemand als die Minister
haben bei diesem Handel gewonnen; sie haben dadurch das Ansehn ihres
Herrn geschwächt und das seiner Nachbarn gemehrt. Ich übergehe hier die
Ansprüche Sachsens auf Lauenburg, wobei die Minister so schlau gehandelt
haben, daß, wenn der König diese Sache in Untersuchung zöge, sie alle Schuld
auf ihn werfen und sich hinter seine Einwilligung verstecken würden, obgleich die Minister verantwortlich sind und ihr Hauptvergehen war: ihrem
Herrn die Wahrheit vorzuenthalten und ihm dadurch den Anlaß zu geben,
sich selbst zu täuschen."

Den Hauptgeldfonds mußten August die Steuern gewähren. Unter
den neuen Steuern, die Sachsen auferlegt wurden, um den Königsthron
in Polen zu erhalten und zu zieren, ist eine direkte Abgabe, eine für die
Armen unverhältnismäßig schwere, starke Kopfsteuer seit dem Jahre 1705
zu nennen und ganz besonders eine weitgreifende indirekte Abgabe, die
Akzise, die zuerst in Holland und England aufgekommen, nach dieser
Länder Beispiel in Preußen und Hannover eingeführt und seit 1641 auch
bereits in Sachsen unter dem Namen Landakzise eingebürgert war. Die
neue Akzise wurde, weil sie auf fast alle Verbrauchsgegenstände jetzt
ausgedehnt wurde, unter dem Namen „General-Konsumtions-Akzise" im
Jahre 1703 in den Städten Sachsens eingeführt und zwar gegen den Willen
der Landstände, die sich 1704 sehr lebhaft dagegen setzten. Der König aber
blieb auf seinem Sinne und entließ die Landschaft ohne Abschied. Es ward
ein eignes Akziskollegium eingerichtet, an dessen Spitze der Freiherr Adolf
Magnus von Hoym kam, der Gemahl der Gräfin Cosel. Mit dieser weit-
greifenden, indirekten Besteuerung ward eine ganz neue und höchst ein-
trägliche Erwerbsquelle aufgefunden, aber die Lebensmittel stiegen
um ein Drittel im Preise. Nur auf dem platten Lande wirkte die
Opposition des Adels der Einführung der Akzise längere Zeit definitiv hin-
dernd entgegen.

Nicht minder großen Druck, wie diese Steuerschrauberei und damit hohen
Unwillen erzeugte die neu eingeführte Zwangsrekrutierung zum
Heeresdienste an Stelle der bis dahin üblichen freien Werbung. Schon
1696, zum Türkenkriege begann eine förmliche Menschenjagd. Man preßte
auf die grausamste Weise die unentbehrlichsten Männer, selbst auf dem
Kirchwege, sowie ganz neu Verheiratete zu Soldaten. Niemand ließ sich
mehr auf der Straße sehen. Aller Handel und Wandel stockte. In Lauban
in der Oberlausitz war ein förmlicher Aufruhr entstanden, man hatte die

Untertanen auf der Folter gezwungen, den Fahneneid zu schwören. Im polnischen Kriege, als Livland verloren gegangen und Karl XII. im Anmarsch auf Polen war, 1702, wurden wiederholt Zwangsaushebungen in Sachsen vorgenommen. Es sollte ein Heer von 20,000 Mann zusammengebracht werden, und man mußte, da diese Heere, von denen man keine Tapferkeit erwarten konnte, immer und immer wieder geschlagen wurden, auch immer und immer wieder zur Gewalt seine Zuflucht nehmen. Nichtsbestoweniger hing man die, die z. B. in der Schlacht bei Fraustadt, 1706, ihre Pflicht nicht getan hatten, zu Dutzenden auf.

Seit dem Jahre 1713 wurde eine stehende Armee von 16,000 Mann in Sachsen unterhalten. Was man durch freiwillige Werbung nicht aufbringen konnte, holte man trotz allen Widerspruchs der Stände und trotz aller Klagen der Beschwerten durch Auslosung der jungen Mannschaft unter den Landleuten und Handwerkern zusammen. Das Los zog ein Knabe; der je sechste Zettel trug die Inschrift: „Für das Vaterland". Und bennoch verstattete August auch noch seinem Nachbar Friedrich Wilhelm von Preußen, dem Liebhaber der langen Kerle, die Werbung in Sachsen. Erst 1727 kam es zu Irrungen deshalb. Auch erhandelte August einmal achtundvierzig blaue und weiße ungeheure Basen von japanischem Porzellan mit roten Blumen von Preußen gegen zwei ganze Dragoner-Regimenter. Diese Dragoner hießen in Preußen noch lange Zeit die Porzellan-Regimenter.

Mit diesen autokratischen Regierungsmaßnahmen in bezug auf Heer und Finanzen sank die Macht der Landstände auf ein sehr geringes Maß herunter. Der durch die Drangsale des breißigjährigen Kriegs geweckte, durch den norbischen Krieg erhöhte Servilismus war vollständig großgezogen. Am 15. März 1700 erschien das königliche Dekret über die Rechte des alten Adels, kraft dessen „Niemand zu der Session bei den Landesversammlungen zuzulassen sei, er sei gleich von uraltem Geschlecht, welcher sich außer seinem Stande verheirathet und acht Ahnen von Vater und Mutter (vier und vier) nicht erweiset, noch weniger ein neu nobilitirter, so solche gleichmäßig nicht probiren kann oder kein wirklicher Geh. Rath oder commandirender Obrist ist, so nicht ein adelig Diplom für sich hat oder aus abligen Geschlecht ist." (Gerade hundert Jahre zuvor waren die beiden letzten bürgerlichen Kanzler in Sachsen heimgegangen, Peiffer war 1600 gestorben, und Krell 1601 das Opfer eines Justizmordes geworden.) Stolz hob nun die Aristokratie des alten Adels, der die Steuerfreiheit genoß und seine Söhne mit den Offizierstellen in der Armee versorgte, ihr Haupt. Mochte sich der Adel durch Luxus und schlechte Wirtschaft auch noch so sehr ruinieren und verarmen, die Hofpensionen halfen immer wieder auf. Alle einträglichen Hof-, Staats- und Militärämter sah der Adel als eine Domäne an, auf die ihm ein unbestreitbares Recht zustehe. „Überdenken Sie", heißt es in den vertraulichen Briefen über Leben und Charakter des Grafen Brühl, „überdenken Sie einmal alle Familien in Sachsen, die großes Vermögen haben, und untersuchen Sie die Genealogie dieser Familien. Sie werden allemal finden, daß dieses Vermögen durch einen Minister oder Favoriten an die Familie gekommen ist."

In Preußen hielt Friedrich Wilhelm I. seine adeligen Räte aufs strengste zum Selbstarbeiten an. Der bürgerliche Minister des Äußern, Ilgen, schrieb alle seine Depeschen selbst, seine Sekretäre waren nichts als Kopisten. Den adeligen Räten in den Kollegien Sachsens aber gebührte es, sich von den bürgerlichen Sekretarien die schriftlichen Arbeiten fertigen zu lassen, von den bürgerlichen Räten, den Doktoren, die Relationen aus den Akten entgegenzunehmen; die adeligen Herren in den Kollegien ihrerseits deliberierten, votierten und restribierten nur mündlich.

„Meine lieben Kinder, lassen wir die Dinge gehn, wie sie gehn, und klären wir die großen Herrn nicht mehr auf, als sie es schon ohnedem sind, wir geben ihnen ja nur guten Rat gegen uns selbst. Wir müssen uns zu halten suchen, wie es der Adel in Brandenburg macht." Mit diesen merkwürdigen Worten, die Wolfframsdorff überliefert, sprach der alte sächsische Generalleutnant Benkendorf, der aus Brandenburg stammte, das Adelsprinzip aus, das seiner Hoffnung nach in Sachsen wie in Brandenburg in der Herrschaft bleiben solle. Mit Sachsen irrte er sich nicht, sehr stark aber mit Brandenburg; er konnte die große Wandlung nicht voraussehen, die wenige Jahre nach seiner Auslassung Friedrich Wilhelm I. über die Junker von Brandenburg herführte.

„Herr von Benkendorf", setzt Wolfframsdorff hinzu, „würde, wenn er am Hofe wäre — er saß auf dem Königstein — alle Dinge so gehen lassen, wie es dem großen Hoftroß gefällt, der seinen eignen Vorteil dem des gemeinen Besten vorzieht. Diese Leute helfen einer dem andern und unterdrücken jeden andern, der nicht zu ihrer Bande gehört und dem König treu (?) dient."

„Die Minister in Sachsen haben eine Erfindung gemacht, um die Zustimmung zu allem zu erhalten, was sie wünschen. Wenn sie über eine Sache einig sind, die ihnen vielleicht selbst ungerecht und für den König nachteilig erscheint, hüten sie sich sehr, damit plötzlich hervorzutreten, sie forschen vielmehr nach und nach den König zuvor aus. Finden sie, daß er von der Sache bereits unterrichtet ist, oder Anstand nimmt, sich zu ent-

scheiben, so verabreden sie sich, auf welche Weise der König herumzuführen
sei. Zu diesem Zweck lassen sie ihn verschiedene Kabinettsordres unterschreiben
und schicken dann diejenige ab, welche ihnen gefällt. Dabei erklären sie: der
König hat es befohlen! — man soll ihre Festigkeit für ein Zeichen ihrer
Treue und Anhänglichkeit halten und für ein Zeichen ihrer Gerechtigkeits-
liebe, so daß sie immer den Schein um sich verbreiten, als wenn die Dinge,
die sie nicht zur Ausführung bringen und wenn es der König zehnmal
befiehlt, gegen ihr Gewissen laufen. Aber ihr Gewissen ist weiter als der
Ärmel eines Kapuziners. Der König, der weder den Grund der Ver-
zögerung kennt noch erfährt, weshalb man ihm entgegenarbeitet, sieht
schließlich sich gezwungen, zu tun, was seine Minister verlangen. Jeder,
der es mit dem König wohl meint, erfährt die Kränkung, seine besten Absichten mit dem Haß und der Verfolgung der Minister belohnt zu sehen
und zugleich mit der Verachtung des Königs."

„Die Minister verstehen es auch, die Zeit wohl abzupassen, wenn sie
beabsichtigen, den König auf eine oder andere Weise von einem bereits
gefaßten Entschlusse wieder abbringen zu wollen. Sie überraschen ihn,
wenn er guter Laune ist, oder wenn sie ihn zerstreut sehen, und erpressen dann eine Entscheidung, die er nur gibt, um sie mit ihrer
Zubringlichkeit los zu werden. Sie setzen ihn niemals in genaue
Kenntnis von einer Sache, denn zum öfteren kennen sie sie selbst
nicht. Da nun der König nie vollständig unterrichtet ist und ihm die
schlechten Absichten seiner Minister, in die er sein Vertrauen setzt, verborgen
bleiben, widerfährt ihm oft, daß er das schlimme Teil wählt, anstatt des
guten."

Der energische und nachdrückliche Rat, den Wolfframsdorff im Portrait de la cour de Pologne August dem Starken
erteilte, ging geradehin darauf aus, „die ganze Rasse seines
durch Eigennutz und Nachsicht verdorbenen Ministeriums
fortzujagen, Ausländer zu Ministern zu nehmen und sich
nach den Grundsätzen des politischen Testaments Kardinal Riche-
lieus nach dem Vorgange der Könige von Frankreich, Preußen,
Dänemark und Schweden zum absoluten Herrscher zu machen,
indem er das seine Souveränität beeinträchtigende Joch seines
Adels abwerfe."

„Man hat uns versichert", sagt Wolfframsdorff weiter, „der
König habe schon diesen Entschluß gefaßt, doch habe er sich wieder
einschläfern und durch andere Begebenheiten davon abbringen
lassen. Sehr übel tat er daran, sich gegen Herrn von Birkholz
darüber auszusprechen; da dieser mit zu der Kabale gehörte, ver-
säumte er nicht, den Adeligen vom Hofe davon Nachricht zu geben,
damit diese ihre Maßregeln nehmen konnten, indem sie teils
die Absichten des Königs scheitern machten, teils sich durch unge-

ſtüme Empfehlungen zu halten ſuchten, indem ſie die von ihnen und ihren Ahnherren geleiſteten Dienſte aufzählten, obwohl ſie, wenn ſie darüber nähere Rechenſchaft geben ſollten, öfters keinen anderen Lohn als den Strang zu erwarten hätten. Es iſt das Unglück des Königs, daß ſeine erſten Diener bei Hof und bei der Armee von Haus aus nicht einen Heller eignes Vermögen hatten und ſich auf jede Weiſe zu bereichern ſuchten. Alles, was dieſe Hof-Adeligen beſitzen, gehört dem König, denn in Sachſen gibt es nicht eine einzige reiche Familie, die es nicht durch die Geſchenke des Königs geworden wäre, mit Ausnahme derer, die bei der Steuer angeſtellt ſind. Der König ſieht, wie ſehr ihm ſein Adel in allen Dingen zuwider iſt, wie ſehr er wünſcht, daß er ohnmächtig bleibe; der Adel widerſetzt ſich allem, was der König will, da er durch die erſten Miniſter und Beamten, die ſämtlich dem Adelſtande angehören, unterſtützt wird. Man ſieht dies bei der Aushebung der Truppen, deren er in gegenwärtigen Zeitläuften ſo ſehr nötig hat, man ſieht es bei den Verhandlungen wegen der Akziſe, von deren Einführung man ihn auf alle Weiſe zurückzuhalten ſucht, obſchon durch ſie ſeine Einnahmen beträchtlich vermehrt, die Landtage abgekürzt und die ungerechte und ungleich verteilte Steuerlaſt aufgehoben werden würde. — Die Miniſter ſind mehr Herren des Landes, als der König ſelbſt. Daher kommt es auch, daß die Verſammlung der Landſtände den Abſichten des Königs ſo ſchlecht entſpricht, indem ſie mit den Geheimen Räten unter einer Decke ſpielen, die alles Mögliche anwenden, um den König in der Verwirrung zu erhalten und um deſto beſſer im trüben zu fiſchen. — Es genügt eine Empfehlung von einem Miniſter oder einem andern Günſtling, um Geld, Ämter, Wälder, Güter und was man nur immer will, zu erhalten. Ohne ſolche Fürſprache reichen zwanzigjährige Dienſte nicht hin, einem ehrlichen Manne ſein Auskommen zu ſichern. Der König ſchlägt nie etwas ab und gibt nur denen, die ihn am meiſten quälen und es am wenigſten verdienen.“

Haxthauſens Memoiren enthalten intereſſante Aufklärungen über die Mittel und Wege, wie der ſächſiſche Adel, ſich auf die alte Verfaſſung ſtützend, auf den Landtagen operierte.

Nach den bisherigen Schilderungen kann es niemanden wundernehmen, daß alle wahrheitsliebenden Gewährsleute, insbeſondere

Harthausen und Wolfframsdorff, die damalige Verwaltung der
Finanzen, der Armee und der Justiz in abschreckend düsteren
Farben schildern. Die Finanzen in Sachsen waren seit Jahr-
hunderten und zwar aus ausdrücklicher Absicht und Vorbedacht
der Regierenden in Dunkel, undurchdringliches Dunkel eingehüllt.
„Was den Zustand der Finanzen betrifft", sagt Wolfframsdorff,
„so ist eine Untersuchung derselben um so nötiger, als der König
und die Minister davon nicht mehr Kenntnis haben, als von den
Einkünften des Groß-Moguls. Der König weiß nicht einmal, wieviel ein Quatember, eine Art Grundsteuer, die schon
seit 300 Jahren eingeführt ist, beträgt.*) Die Minister begünstigen
diese Unwissenheit absichtlich, da sie die Verwirrung lieben, um
dem König seine Pläne als unausführbar darzustellen und immer
die Hälfte der Einkünfte für sich zu nehmen. Zuweilen lassen sie
den König absichtlich so lange ohne Geld, bis er die in ihrem
Willen liegenden Kabinettsordres unterschreibt."

Und darüber, wie man bei der **Kammer** finanzierte, und wie da
Präsente an der Tagesordnung waren, berichtet Harthausen einen bezeich-
nenden Fall. Der Großkanzler Beichlingen, der große Projektenmacher,
hatte ihm geraten, um Geld zu machen, auf seinem Gute Putzlau bei
Chemnitz Holz schlagen zu lassen und es an die Kammer zu verkaufen, in
der Absicht, einen großen Gewinn dabei zu machen. „Ich lernte," schreibt
Harthausen, „die Manieren dieses Kollegiums kennen. Beichlingen hatte an
mehrere Personen geschrieben, die er von seinem Ministerium her kannte
und deren Glück er gemacht hatte, indem er sie in ihre Stellen brachte;
sein Bruder, der ehemalige Oberfalkenier, schloß den Handel ab, was
ein jeder bekommen solle: der Vizepräsident von Zehmen so und so viel, die
Räte mit Sitz und Stimme, und deren war keine kleine Zahl, jeder so
und so viel, der Landrentmeister so und so viel. Nachdem man die Akkorde
getroffen hatte, ward eine Kommission ernannt, bestehend aus dem Floß-
oberaufseher und Landjägermeister von Leibnitz und dem Landkammerrat
D—. Der Großkanzler schloß mit letzterem über sein Präsent ab; Leibnitz
lehnte ab und erklärte, daß er dem Großkanzler Verbindlichkeiten schuldig
sei und sich ein Vergnügen daraus mache, ihm und zugleich dem königlichen
Interesse zu dienen: das freute mich sehr, und wir machten gute Freundschaft. Man wagte nicht den Räten unter hundert Pistolen Präsent an-
zubieten; auch die Subalternen erhielten ihre Geschenke. Die Kommission
kam an Ort und Stelle mit großem Gefolge, an Leuten und Bedienten,

---

*) Dies ist unrichtig ausgedrückt. Die Quatember, eine viermal jährlich
zahlbare Steuer, datieren dem Namen nach erst seit 1646, der Sache
nach allerdings von dem Anfang der Besteuerung in Sachsen 1458.
Diese erste Besteuerung und die Quatember waren Personalsteuern, erst
später wurden die Quatember „eine Art Grundsteuer".

der Großkanzler und mein Schwager ebenfalls, die Herren aus der Umgegend ebenfalls. Die Morgen brachte man in den Wäldern zu, dann trank man bis Mitternacht, und die Unterhaltung ging beim Gläserklang vor sich. Das kostete mir eine Menge Geld, man blieb sechs oder sieben Tage, ich verkaufte für 30,000 Taler Flößholz, das Geschäft dauerte fünf bis sechs Jahre: ich hatte eine Menge Abzüge und Verluste."

Bei der Armee war dieselbe Wirtschaft. Bei den Personalien Wackerbarths hebt Hazthausen heraus, wie er mit seinen Militärstellen finanziert habe. Wolfframsdorff berichtet eine Menge faule Zustände beim Militär und ist dabei ganz in Übereinstimmung mit Schulenburg.

„Bei der Armee", schreibt Wolfframsdorff, „sind die Offiziere von ihren Regimentern ganze Jahre lang abwesend; während des Winters belagern sie die Vorzimmer und während des Sommers sind sie nicht im Feldlager zu betreffen. Sie bleiben zu Hause, um von dem Gelde, welches sie aus den Winterquartieren mitgebracht haben, zu leben und in den Armen ihrer Frauen auszuruhen, denen sie Wunderdinge von den bestandenen Gefahren erzählen. Sie respektieren weder Ordnung noch Befehl, leben ohne Mannszucht und berauben ihre Soldaten aller Subsistenzmittel. — Die Beschaffenheit der neugeworbenen Regimenter ist eine andere Manier, den König gröblich zu betrügen, indem die Offiziere nicht allein das Geld, das sie dazu erhalten, in ihren Beutel stecken und die Regimenter, zu deren Errichtung sie sich verbindlich gemacht haben, nie vollzählig machen, sondern auch die alten Regimenter verhindern, Rekruten zu werben. Die tägliche Veränderung bei den Regimentern ist ebenfalls ein Mittel, die Armee zu ruinieren, bei der nur das Kommissariat und einige Offiziere gewinnen. Endlich glauben wir der Armee des Königs nicht unrecht zu tun, wenn wir sagen, daß sie lediglich aus Raufern, Spielern, Wucherern, Betrügern und Freunden der Schikane, schlimmer als die geriebensten Advokaten, besteht. Die Prozesse sind hier zu Hause, wie im Palais. Die Generale bereichern sich auf Kosten der Soldaten, und diese, zur Verzweiflung gebracht, dem Beispiele ihrer Offiziere folgend, in denen das wahre Ehrgefühl erloschen ist und die nur auf das Geld erpicht sind, tun nichts weniger, als ihre Schuldigkeit."

Die Klagen Wolfframsdorffs über die sächsischen Soldaten stehen gar nicht vereinzelt. Markgraf Ludwig von Baden erhebt ganz ähnliche über das Reichskontingent, das Sachsen dem Kaiser zum spanischen Erbfolgekriege stellte. Er schreibt unterm 22. November 1703 an Kaiser Leopold: „Es ist unmöglich, E. K. M. zu beschreiben, was ich mit diesen Truppen ausstehen muß, indem sie sich auf keine Weise der Welt weder durch Execution noch durch Bitten abhalten lassen, sich hin und wieder auf ein, zwei oder drei Stunden von der Armee zu verlegen unter dem Vorwand, daß sie keine Zelte hätten und unmöglich also leben könnten, ich habe selbst auf diesem letzten Nachtmarsch auf eine Stunde von der Armee Obrist-Lieutenants und Obristwachtmeisters von den Sachsen in ihren Schlafröcken angetroffen, welche sich weiter an den Marsch nicht gekehrt 2c. Die sächsischen Truppen sind arm, nackend und bloß.“

Endlich berichtet Wolfframsdorff noch über die Zustände bei der sächsischen Justiz, ganz übereinstimmend mit dem, was Haxthausen in den Porträts des Kanzlers Bünau und des Ober-küchenmeisters Seyffertitz berichtet: „Wenn man endlich sieht, wie die Rechtspflege verhandelt wird, muß man ebenfalls seufzen und die Achseln zucken. Ein Fremder hat durchaus kein Recht, und ein Inländer kann es nur durch Intrigen und Geschenke erhalten. Die Minister treiben Handel damit. Frau von Gersdorf machte ehedem, und Frau von Bose macht noch gegenwärtig gute Geschäfte damit. Man läßt davon an den König keine Kenntnis gelangen, und derjenige, der sich an ihn um seine Protektion wendet, ist sicher, seinen Prozeß zu verlieren.“

Derartige Verhältnisse lassen es nicht verwunderlich erscheinen, daß die allmächtige sächsische Adelskette selbst in Kriminalfällen eine völlige Ausnahmestellung einnahm; die an der Spitze der höchsten Gerichte des Landes stehenden Adeligen sorgten dafür. Für die Noblesse kam eine ganz besondere Bestrafungsart auf; je höher gebildet einer nach seiner Erziehung sein konnte, desto milder ward er für die schwersten Vergehungen angesehen. Im Jahre 1706 ward nach Hasche ein Graf L.... (? Lynar)*) angeklagt, einem — neunjährigen Mädchen Gewalt angetan zu haben: er kam mit Arrest los. Desto härter und entehrender waren die Strafen gegen Leute aus der Bürgerreihe; auch hier kam eine ganz besondere Bestrafungsart auf: auf dem Esel reiten, am Pranger stehen, Staubbesen leiben wurden ganz gewöhnliche „Korrektionen“. Selbst erwachsene Frauen aus den niedern Ständen wurden ausgepeitscht und an den Pranger gestellt. Ja selbst jenes neunjährige Mädchen, das der erwachsene, gebildete Graf gemißbraucht hatte, erhielt den Stockschilling.

Die Festung Königstein wurde der gewöhnliche Platz, wo man den gebildeten Adel seine Bestrafungen „aushalten“ ließ — unbemerkt von der Masse des ungebildeten Volks. Während Adel und Offiziere dort — wenigstens zum Teil — an der Tafel des Kommandanten recht wohl speisten, ward für den Bürgerstand ein anderer Aufenthalt ausfindig gemacht: das Zuchthaus. Der starke König ließ im Jahre 1715 das alte Augustiner-

---

*) Diese Klammer stammt von Vehse aus dem Jahre 1854!

Kloster und nachherige Jagdschloß Christians I. zu Waldheim dazu her=
richten. Um die Kosten für das neue Strafetablissement aufzubringen, mußten
sämtliche Beamten — bis zu denen hinauf, die über 3000 Taler Besoldung
oder Pension zogen — von ihren Besoldungen und Pensionen einen Monat=
abzug leiden. Vergebens beschwerten sich die Stände über diese höchst un=
willkommene Neuerung.

Wolfframsdorff fügt seinen Schilderungen noch lehrreiche Betrachtungen
über die Neigungen und Gewohnheiten der sächsischen Edelleute bei, Betrach=
tungen, die offenbar vom bösen Humor eingegeben sind; man begreift aber,
daß sich bei dem damaligen Zustande der Dinge die Galle erregen konnte.
„Seine Standesgenossen seien," sagt er, „von Natur der Weichlichkeit
ergeben, träge, hochmütig; der Überfluß ihres Landes macht sie zur Aus=
schweifung geneigt und stolz gegen andere Nationen. Sie sind nicht listig,
allein ihr großes Phlegma und der Neid machen sie heimtückisch und be=
trügerisch. Die weichliche Erziehung, die sie erhalten, hält ihr Ehrgefühl
zurück, entwickelt aber desto mehr den Eigennutz, so daß sie zu einer Menge
niedriger Streiche aufgelegt sind. Ihr Großtun ist nicht weit her, und
sie müssen damit bei sich zu Hause bleiben, wo sie die bramarbasierenden
Junker von Meißen spielen. Im Felde muß bei ihnen immer der Kessel
kochen, und ihre Verzärtelung ist Ursache, daß sie nicht einmal gute Soldaten
sind. Brav sind sie nur außerhalb ihres Landes; zu Haus ziehen sie nur,
mit Gewalt dazu gezwungen, den Degen, wobei sie es dann an Prahlen
nicht fehlen lassen. Sind sie auch noch so arm, so muß doch die
Perücke gepudert werden, um am Hofe erscheinen zu können, wozu ihnen
noch dazu die feinere Bildung abgeht. Sie lieben die Flasche und das
schamarierte Kleid mehr als die Unterhaltung mit den Damen; ihre Unter=
haltung ist fad und wenig galant. Im übrigen haben sie den größten Ab=
scheu gegen alles, was ihre faule Ruhe stört, und gegen alle Ausländer,
sobald diese sich nicht zu ihren Grundsätzen bekennen und nicht ihre
Fräuleins heiraten. Sie rühmen sich einer großen Liebe für ihre
Fürsten, die jedoch in nichts weiter besteht, als daß sie täglich neue
Gnaden von ihnen erpressen. Und bei der geringsten Mühe, die sie sich
dabei geben müssen, fangen sie sogleich an, sich zu beklagen und über Un=
gerechtigkeit zu schreien. Sie ziehen dann auf den Landtagen die Rechte des
Königs in Zweifel und erklären laut: „der König habe hierzu keine Macht,
es sei gegen die Landesgesetze," die sie auswendig wissen und nach ihrem
Gutdünken auslegen. Hätten sie eine wahrhafte Anhänglichkeit für ihren
Herrn, so würden sie mehr für ihn tun, teil an seinem Schicksale nehmen
und mehr wünschen, ihn in solche Verlegenheiten verwickelt zu sehen.
Sie sind unerträglich im Glück und untröstlich im Unglück. Sie verlieren
dann alle Haltung und bekümmern sich weder um ihre Ehre, noch um ihr
Gewissen, wenn sie nur sich selbst und ihre Geldbeutel retten."

Man darf nicht etwa denken, daß sich Wolfframsdorff zu Unwahr=
heiten habe verleiten lassen; er malt schwarz und gallig, aber er gibt den
vollen Schatten, wie er über Sachsen lag. Haxthausens Memoiren be=
stätigen seine Darstellung in allen Punkten. Auch Patkuls Berichte stimmen
vollkommen im Punkte der Bestechlichkeit und in anderen Punkten mit Wolff=

ramsdorff überein. So schreibt er einmal in einer Depesche an Peter den Großen aus dem April 1704: „Ich stelle zu Ew. Zaar. Maj. gnädigem Gefallen, ob Sie dem Pflug, auch Bosen, nebst der Canzley des Königs in Polen jährlich wollten eine Summe bestiniren und nun für dieses Jahr wirklich geben lassen, denn ohne solche Mittel ist hier (in Dresden) nie etwas heilsames auszurichten oder einige Vertraulichkeit zu hoffen."

Die häufige Abwesenheit des Kurfürsten aus Sachsen — besonders während der oft jahrelangen Aufenthalte in Polen, beförderte nicht wenig die fast unumschränkte Herrschaft des Adels in Sachsen. Nach neunundzwanzigjährigen Beratungen kam zwar eine neue Landtagsordnung zustande, aber am 11. März 1728 behielt sich der Landesherr noch immer das Recht vor, „sie aus landesfürstlicher Macht zu vermehren, zu ändern und zu verbessern." Diese Landtagsordnung ward erst nach 100 Jahren durch die Verfassungsurkunde vom Jahre 1831 abgelöst. — Je mehr die landständische Wirksamkeit abnahm, desto mehr nahm die Bureaukratie zu.

Sechstes Kapitel.

Das goldene Zeitalter des Dresdner Hofes — August als Oberzeremonienmeister — Seine Jagden, Ritterspiele, Karussells, Fußturniere und Schießfeste — Die „Wirtschaften" — Maskeraden und Redouten — Karnevalswochen — Theater: Komödie, Ballett und Oper — Offene Türen für „jede anständig gekleidete Person" — Mars-, Ceres-, Venus-, Dianen-, Neptuns- und Saturnusfeste — Friedrich Wilhelm I. über den Karneval von 1728 — Das Mühlberger oder Zeithainer Lustlager vom Juni 1730 — Der Riesenkuchen — Noch ein Militärfest — Im Rausche — Ein „bezaubertes Land" — Der zufriedene Untertan — Korruption — Die Herren Kammerdiener — Die Hofjuden — Die Hofnarren — Die Hof-, Leib- und Kammerzwerge — Die Kammerriesen — Der ehrliche Khau.

Nicht der Staat, aber der Hof durfte unter August dem Starken sein goldnes Zeitalter feiern. Was Ludwig XIV. in dieser Beziehung für Frankreich war, war August für Deutschland. Einen so glänzenden, galanten und heiter bewegten Hof, wie den königlich-polnisch gewordenen kursächsischen Hof zu Dresden, hatte man bis dahin in Deutschland noch nicht gesehen. Was früher unter Augusts Großvater Johann Georg II. von Ausländern in Dresden aufgenommen worden war, war nur ein Ge-

ringes gewesen gegen den Schwarm von Fremden, teils Deutschen aus dem Reiche, teils Italienern und Franzosen — beide
Nationen liebte August vor allem —, teils Dänen und besonders
Polen, die sich jetzt in Dresden niederließen und zum Teil zu
den höchsten Hof-, Staats- und Militärämtern gelangten.

Die prachtvollen Feste, die August, besonders zum Karneval, zu dem er
jedesmal mit seinen Starosten und ihren schönen galanten Frauen aus
Polen nach Dresden kam, und sonst bei allen Familiengelegenheiten gab,
zogen den Adel aus allen benachbarten Ländern herbei. Fürsten und Könige
sprachen wiederholt vor, so der berühmte Prinz Eugen, König Friedrich IV.
von Dänemark, König Friedrich Wilhelm I. von Preußen. Dreimal in den
Jahren 1698, 1711 und 1712 erschien Zar Peter der Große von Rußland
zum Besuche in Dresden. Als der König von Dänemark im Juni 1709 in
Dresden verweilte, kamen, wie das Theatrum Europaeum erzählt, nach
Ausweis der Torzettel binnen vierzehn Tagen über 16,000 Fremde nach
Dresden, darunter allein mehr als 200 böhmische Grafen.

Zeremonienmeister dieses reichen glänzenden Hofs Augusts war von
1717 an der Hofpoet Johann von Besser, ein geborener Bürgerlicher, ein
Predigerssohn aus Kurland. Auf ihn, der 1729 im Alter von 74 Jahren
starb, folgte sein langjähriger Beirat Johann Ulrich von König, ein
Schwabe aus Eßlingen. Er schrieb 1726 eine Oper „Die verkehrte Welt" und
starb 1744, als Hofrat und Zeremonienmeister, 56 Jahre alt.

Der Hauptzeremonienmeister war indessen August selbst.
Er in eigener Person entwarf die Pläne zu allen großen Hoffeierlichkeiten;
es war seine Lust, in den Vorbereitungen zu diesen mannigfaltigen und
immer wechselnden Vergnügungen zu leben. Seine allgemein bekannte
Leutseligkeit und Huld machte ihn zu einem der liebenswürdigsten Wirte,
ebensowohl bei den kleinen Festen, den parties fines, als bei den großen
ordentlichen und außerordentlichen Solennitäten, und mit der größten Aufmerksamkeit sorgte er für alle Genüsse seiner Gäste.

Europäische Berühmtheit erlangten seine durch besondere Kupferwerke
dem größeren Publikum anschaulich gemachten Feste. Schon im Jahre
1695, im ersten Jahre seiner Regierung, ließ er im Karneval einen prächtigen
Götter- und Göttinnenaufzug halten und darauf in Folio auf zwanzig
Kupferplatten stechen. Diesen ließ er später, 1709, im zweiten Jahre nach
der Schwedennot, bei Anwesenheit des Königs von Dänemark noch einmal
und noch kostbarer aufführen. „Die Kostbarkeit," berichten die Frankfurter
Relationen, „wird sich niemand besser einbilden können, als der es mit
angesehen oder aus seinem Beutel dazu contribuiren müssen, denn mancher
redliche Kavalier, der die schwedische langwierige Visite noch in betrübtem
Andenken empfindet, bei der Lustbarkeit mehr als ein 1000 Thaler verwendet
hat, obschon er lieber zu Haus geblieben wäre, als daß er mit betrübtem
Herzen und großen Kosten ein Götter-Ballet tanzen helfen."

Herrlich und glänzend waren Augusts Jagden, teils Parforcejagden
auf den Hirsch und andres Hochwild in den Forsten des Landes, teils
Sauhatzen im Saugarten vor der Neustadt, teils Hasen-, Fasanen- und Reh-

hühnerschießen im großen Garten bei Dresben, teils Kampfjagen mit wilben Tieren im Jäger- und Schloßhofe, teils Fuchsprellen auf der königlichen Stallbahn im Schloffe. August liebte vor allen Schießübungen nach dem Ziele und ben Rückfang der wilden Schweine (sowohl mit dem Hirschfänger, als mit dem Fangeisen), weil ihm in diesen beiden Stücken kaum jemand gleichkam. Herrlich und glänzend waren seine **Ritterspiele, Karus-fells, Fußturniere** und **Schießfeste**, nämlich Nachtschießen in der Stallbahn oder im Zwinger oder auf dem Altmarkte und seine Scheiben- und Vogelschießen im Hofschießhause. 1728, als der König Friedrich Wilhelm I. von Preußen mit seinem Kronprinzen, dem (großen) Friedrich, vom 14. Januar bis 12. Februar vier Wochen lang zu Besuch war, war am 15. Januar nach dem Souper ein Nachtschießen in der mit vielen tausend Lampen illuminierten Stallbahn; der König von Preußen hatte diese Art Schießübungen noch nicht gemacht, traf aber so gut ins Zentrum, daß er eine Menge Raketen steigen machte, er gefiel sich so gut, daß er bis Mitternacht blieb. Am 25. Januar war ein Armbrustschießen; die schlechten Schützen, unter denen auch Friedrich war, erhielten satirische Geschenke, nämlich „einen lebendigen schwarzen Ziegenbock mit einem Schellengeläute und mit Fuchsschwänzen in einen sauber verfertigten Renn-schlitten gespannt, auf der Pritsche saß statt des Führers ein als Kavalier gekleideter lebendiger schwarzer Pudelhund; in dem Schlitten eine lebendige Katze als Frauenzimmer gekleidet, in einem Umhängepelz".

Herrlich und glänzend waren des Königs **Hofwirtschaften**, wo-bei das **Schloß zum Wirtshaus** eingerichtet wurde. August machte dabei den Wirt und eine von ihm auserwählte Dame die Wirtin. Sie emp-fingen im Riesensaale den in verschiedene Banden von Bauern und Berg-leuten verkleideten Hof, der teils zu Fuß über die Gänge, die um die Festung herumführten, kam, teils zu Wagen durch die Straßen der Stadt zog. Ähnliche Hofwirtschaften und sogenannte **Mercerien**, nächtliche Märkte, wurden ebenfalls auf den Straßen vor dem Schlosse, im Zwinger und auf dem Altmarkt frei öffentlich zur Ergötzlichkeit allen Volks bei glänzender Illumination gegeben. Die Kaufleute und Handwerker mußten dabei zur Beförderung der Industrie ihre Galanteriebuden aufschlagen, Italiener mit italienischen Waren, Früchten und dergleichen und Marionettentheater und Taschenspieler sich einfinden, der Hof genoß inmitten des fröhlichen Menschengetümmels seine Kurzweil.

Herrlich und glänzend waren Augusts **Schlittenfahrten**, zu denen einmal 1728 im Karneval zum Behuf eines Damenringelrennens, da Tauwetter einfiel, mehrere hundert Bauern in über 300 Wagen Tausende von Schneefudern auf den Altmarkt, wo das Rennen stattfand, und auf die Straßen führen mußten.

Ganz besonders prächtig waren die **Maskeraden** und **Re-bouten** des Königs. Sie fanden statt in dem Riesensaale des Schlosses oder öffentlich im Zwinger oder auf dem Altmarkt. Der Riesensaal existiert nicht mehr, er ist seit 1782 in mehrere Parade- und Audienzsäle zerteilt. Dort bestrahlten das Gewühl der Masken sieben große Kristall-kronleuchter, auf denen 4—5000 Wachslichter brannten, so daß sich das farbenprächtige Gewoge in ungeheuern, ovalen venetianischen Wandspiegeln aufs glänzendste widerspiegelte. Im anstoßenden Audienzsaale standen achtzehn Tafeln, an denen die einheimischen und fremden Kavaliere bewirtet wurden. Der König erschien dabei in seinem Brillantenschmucke, von dessen Pracht noch heutzutage das grüne Gewölbe Zeugnis gibt. Mehrere Wochen hindurch war im Karneval alle Abende regelmäßig Redoute. Die Festlichkeiten begannen im Anfang der Regierung Augusts fünf Uhr abends, später nach dem Theater, das damals um fünf Uhr anging, um neun Uhr; sie dauerten bis zum Morgen, wenigstens bis zwei Uhr. Auf diesen Redouten durften damals alle anständig gekleideten Masken erscheinen. Doch waren ein besonderer Tanzplatz für „die allgemeinen und bürgerlichen Masken" und ein anderer für „die Herrschaften des Hofs und die andern hohen fürstlichen, gräflichen und adeligen Herrschaften" eingerichtet. Hinter diesem lagen die Spielzimmer, wo Bank gehalten, L'hombre, Schach- und Brettspiel und Billard gespielt wurde. Die Polizei im Schlosse handhabten Posten von den Fußtrabanten, die in den Sälen und Zimmern des Schlosses in Parade aufgestellt waren, auf den Kreuzwegen in den Straßen der Stadt Wachtposten von der Miliz und Bürgerschaft. Selbst die Bauern kamen herein und nahmen an den Maskeraden in den Straßen Anteil, bei Exzessen wurden sie mit Eselreiten bestraft. Dasselbe widerfuhr auch den Taschendieben und Beutelschneidern, die je zuweilen ihre Geschäfte versuchten und auf der Tat ertappt wurden.

Besonders liebte es August, sich in das Maskengewühl des Karnevals von Venedig zu versetzen; der Altmarkt zu Dresden und der Zwinger mußten daher die Stelle des weltberühmten Markusplatzes ersetzen. So war je im Karneval 1723 und 1728 drei Tage hintereinander vom 7. bis 10. Februar öffentliche Redoute auf dem Altmarkt; rings umher standen Buden, je mit fünfzehn Lampen illuminiert, mitten auf dem Markte brannten vier Pyramiden mit je neunzig Lampen.

Vor allem prächtig, herrlich und glänzend war unter August das Theater, die französische Komödie, das Ballett und die italienische Oper. Eine der größten Zierden Dresdens noch heutzutage, die musikalische Kapelle, erlebte in der Zeit Augusts den Anfang ihrer weltberühmten Blüte. „Die zweierlei Banden der Komödienspieler," schreibt Loen, „sind die ausgesuchtesten ihrer Art: die eine besteht aus Italienern, die andere aus Franzosen. Auch die Tänzer und Tänzerinnen sind Franzosen ... Die außerordentlichen Besoldungen, die der König reichen läßt, haben aus Italien, als der hohen Schule der Musik, die besten und vortrefflichsten Meister dieser Kunst nach Dresden gelockt. ... Das ganze Orchester ist dabei mit den besten Instrumentalisten erfüllt. ... Die Schaubühne ist zwar an und für sich selbst viel kleiner, als diejenige in Wien, allein die Besetzung und Auszierung ist unvergleichlich."

1731, zwei Jahre vor des Königs Tode, wurde für die Oper der berühmte Hamburger Adolf Hasse als Oberkapellmeister berufen mit seiner als Sängerin nicht minder berühmten Gattin Faustina. 1729 komponierte Johann Sebastian Bach, der in Leipzig gemütlich und in der

Stille lebte, aber zuweilen auch am bewegten Hofe zu Dresden erscheinen mußte, die weltberühmte Passionsmusik.

Das Theater, sowohl die Oper als Lustspiel und Ballett, wurde damals ebenfalls noch, wie die Masteraden, öffentlich gegeben; alle anständig gekleideten Personen hatten ohne Bezahlung Zutritt.

An Augusts Hofe war ein unaufhörlicher Wechsel von Lustbarkeiten aller Art. Und dazu wurde nicht allein der ganze Hofstaat in Bewegung gesetzt, sondern auch die Schiffer, die Bergleute, ja sogar die Armee mußte zu den Hofbelustigungen dienen. So ließ August einmal zur Hochzeitsfeier einer seiner beiden natürlichen Töchter von der Gräfin Cosel mit dem Grafen Friesen im Juni 1725, vom 3. Juni an drei Wochen lang, eine dem Lustschlosse Pillnitz gegenüber angelegte und mit Truppen in Janitscharenuniform besetzte Festung, nach allen Regeln der Kunst, durch ein Belagerungskorps von Grenadieren belagern, die Trancheen eröffnen, Parallelen ziehen, Bresche schießen und endlich durch angelegte Minen von den Belagerten in die Luft sprengen, wobei fünfzehn ausgestopfte Grenadiere in voller Uniform mit aufflogen. Die türkische Mannschaft zog sich auf die kleine Elbinsel bei Pillnitz zurück, verschanzte sich hier von neuem und versuchte dann, sich durch Einschiffung zu retten; die Kavallerie der Belagerer zwang sie, als sie landen wollte, sich zu Kriegsgefangenen zu ergeben. Ein großes Feuerwerk auf der Elbinsel beschloß das militärische Schauspiel.

Gleichzeitig mit diesem militärischen Schauspiel fanden sogenannte Bauern-Divertissements statt in dem damals neugebauten, sogenannten französischen Dorfe von Pillnitz, wo der König die französischen und italienischen Schauspieler, Tänzer, Sänger und Musiker seiner Kapelle in einer Reihe von dreißig auf seine Kosten ausmöblierten Häusern untergebracht hatte. Die Bauern-Divertissements, bei denen die Künstler in Bauernkleidern fungierten, bestanden in einem Maienfest, wo der Hof unter den Maien speiste und tanzte, in Johannisfeuern, in einem Kornbreschen in den Scheunen des französischen Dorfs, in einer Entenjagd auf der Elbe, einer Hasenjagd im Schloßgarten, wobei die Hofzwerge die Oberjägermeister und kleine, grüngekleidete Knaben mit kleinen Hunden die Jäger vertraten, in einer Bauernschule, wo der Hofzwerg den Schulmeister machte, in einem Bauernprozeß, wo er den Dorfrichter darstellte, in einer Bauernwirtschaft des Hofs und in einem Bauernkarussell, wobei sich die leibhaftigen Bauern der Umgegend in ihrer Gutmütigkeit dazu hergaben, sich nebst ihren Mädchen mit Wasser einweichen zu lassen, indem man den Bauern bei jedem Fehlstoß gefüllte Wasserkübel über die Köpfe goß, die Mädchen aber, wenn sie nach einer ausgestopften Puppe liefen, um ihr den Kranz zu entreißen, auf einen ausgehöhlten, mit einem großen Wasserfasse mit Deckel und kleinen Löchern ausgefüllten Boden gerieten; sobald sie auf den Deckel traten, spritzte ihnen durch die Löcher das Wasser unter die Röcke „zu höchster Lust von Hof und Adel". Einmal speiste der Hof sogar in Zigeunerkleidern.

Außerdem gab es bei diesen dreiwöchentlichen Lustbarkeiten der Hochzeit der natürlichen Tochter des Landesherrn, deren Mutter damals bereits auf der Feſtung Stolpen ſaß, die gewöhnlichen Vogel- und Scheibenſchießen, ein ſolennes Ringelrennen, übrigens ſtets offene Tafel und Komödien. Auch eine Tour nach der Feſtung Königſtein fand ſtatt. Tauſende von Menſchen, Einheimiſche und Fremde, verweilten während jener drei Feſtwochen in Pillnitz, Treckſchüten nach holländiſcher Art, von Pferden gezogen, fuhren unaufhörlich auf der Elbe hin und her zu Beförderung der Einheimiſchen und Fremden.

In ebenſo großem Stile, wie dies Mars- und Ceresfeſt, gab Auguſt Venusfeſte in den Luſtgärten, Dianenfeſte in den Wäldern, Neptunsfeſte auf der Elbe und Saturnusfeſte in den Bergen des Plauenſchen Grundes. Beſondere Erwähnung findet bei den Chroniſten das bei der Vermählung des Kurprinzen veranſtaltete große Saturnusfeſt vom 26. September 1719. Es begann mit einer Jagd, bei der die Hirſche und Bären von den Felſen herabgeſtürzt wurden. Abends war Bergaufzug von 1500 Bergleuten mit Grubenlichtern und Fackeln. Neben dem Tempel des Saturnus ſtanden zwei künſtliche feuerſpeiende Berge. Saturnus ſelbſt wollte — ſo war anzunehmen — die Saturnalien begehen, zur Feier des Brautpaars. Deshalb hatte er ſeine Bergleute aus allen Klüften des Erzgebirges, deſſen Anfang der Plauenſche Grund bildet, herausgepocht; ſie brachten Erzſtufen und Edelgeſteine zu Geſchenken. Kupido war dabei Münzmeiſter, und die von ihm in Silber und Gold ausgeprägten Münzen ſind noch vorhanden.

Zum Karneval 1728 kam Friedrich Wilhelm I. von Preußen mit dem Kronprinzen Friedrich (dem Großen) und blieb vier ganze Wochen. Er ſchrieb zwei Tage nach ſeiner Ankunft an Seckendorf: „Die hieſige Magnificence iſt ſo groß, daß ich glaube, ſie habe bei Louis XIV. ohnmöglich größer ſein können und was das liederliche Leben betrifft, ſo bin ich zwar nur zwei Tage hier, aber ich kann in Wahrheit ſagen, daß dergleichen noch nicht geſehen und wenn der ſel. Franke lebte und hier wäre, würde er es nicht ändern können, daher Ich auch Urſache habe, hier recht vergnügt zu ſein" ꝛc.

Die Beſchreibung der Feſtlichkeiten, womit die polniſche Majeſtät in der Zeit vom 13. Januar bis 12. Februar die preußiſche zu vergnügen ſuchte, würde hier eine ganze Reihe von Seiten füllen. Daher mag nur kurz Platz finden, welchen Eindruck ſie auf den nüchternen Sinn des preußiſchen Soldatenkönigs machten. Mitten unter dem Schwall der verſchiedenartigſten Luſtbarkeiten ſchrieb der fromme König unterm 22. Januar an ſeinen ſoeben genannten Freund, den öſterreichiſchen Geſandten in Berlin, Grafen Seckendorf: „Ich bin in Dresden und ſpringe und tanze, ich bin mehr fatiguiret, als wenn ich alle Tage zwei Hirſche todt hetze.

Der König tuet uns so viell Höflichkeit, das es nicht zu sagen ist." Und unterm 3. Februar: „Ich gehe zukommende Mittwoche nach Hauße fatiguiret von alle guhte Tage und wohlleben; ist gewiß nit christlich leben hier, aber Gott ist mein Zeuge, daß ich kein plaisir daran gefunden und noch so Rein bin als ich von Hauße hergekommen." — Anders war es mit dem Kronprinzen Friedrich: in dieser Karnevalszeit begannen seine Liaisons mit der schönen Formera und der nicht minder schönen Orselska, von denen seine Schwester in ihren Memoiren berichtet.

Das großartigste und in allen seinen Verhältnissen kolossalste Fest der polnischen Periode Sachsens, das August gegeben hat, war das durch ganz Europa berühmt gewordene, durch Königs Pferde-epopöe verherrlichte große Lustlager bei Mühlberg an der Elbe — an dem glücklichen Orte, wo der Ahnherr der Albertiner sich einst die Kur erstritten hatte — es kommt auch unter dem Namen „Zeithainer Lager" in den Zeitberichten vor. Dieses militärische Fest dauerte wiederum einen ganzen Monat, den Juni 1730 hindurch. Der König hatte in Person wieder alle und jede Einrichtungen und alle und jede Einteilungen der mannigfaltigen Lustbarkeiten angegeben.

Das Terrain des Lagers umfaßte einen Raum von drei Meilen im Umfang; es war durch und durch planiert, der Wald, der zum Teil auf der Pläne gestanden hatte, war durch 500 Bauern und 250 Bergleute ausgerodet worden. August hatte in dem Lager 20,000 Mann Infanterie und 10,000 Mann Kavallerie versammelt, teils sächsische, teils polnische Truppen. Alle waren nach der neuen französischen Manier eingeübt und alle ganz neu equipiert. Unter diesen Truppen zeichneten sich durch ihre reichen Uniformen besonders aus: die Chevaliergarde, die Grands Mousquetaires zu Pferd, die Grenadiers à cheval, die Gardes du corps zu Pferd, die Spahis und die Kosaken, und von Fußtruppen das Janitscharenbataillon und das Bataillon Leibgrenadiergarde Rutowsky.

Das Hauptquartier des Königs war in Zeithain. Es bestand aus einem leichten, von Holz erbauten, aber kolossalen und reich-dekorierten viereckigen Pavillon; er hatte vier Eingänge, bestand aus zwei Etagen und einem Souterrain und war in- und auswendig mit grüner und buntbemalter Leinwand bekleidet. Die Malerei hatten sechs ausdrücklich aus Italien verschriebene Maler hergestellt. Dieser Pavillon war mit Wall und Graben befestigt, von außen versahen die Janitscharen, von innen die Cadets die Wache. Auf dem Dache wehten zwei Flaggen mit den Worten: „Otia martis" (die Ruhezeit des Kriegsgotts). Hier wohnte der König mit zweien seiner natürlichen Töchter, die die Honneurs bei ihm machten, der Gräfin Orselska, die wenige Wochen nachher den Prinzen von Holstein-Beck heiratete, und der mit dem polnischen Grafen Bielinsky vermählten Schwester des Grafen Rutowsky.

Außer diesem kolossalen Pavillon hatte der König noch zu seinem und seines Gefolges Gebrauch zwei große Zelte.

Zum Besuch gekommen waren: der König von Preußen, mit seinem Kronprinzen Friedrich, der alte Dessauer und siebenundvierzig Herzoge und Fürsten vom Hause-Sachsen, von Hessen-Cassel und Darmstadt, von Braunschweig, Mecklenburg, Holstein, Anhalt, Schwarzburg, von Württemberg, Lichtenstein, Lobkowitz, Fürstenberg; ferner fünfzehn Gesandte des deutschen Kaisers und des Kaisers von Rußland, der Könige von Frankreich und England, von Holland, Preußen und Schweden; außerdem noch neununbsechzig Grafen und achtunddreißig Barone. Auch Augusts berühmter natürlicher Sohn von der Gräfin Königsmark, der Marschall von Sachsen, war aus Frankreich gekommen. Das Lager glich wegen der zahllosen Besucher und der vielen Kaufbuben einer großen Messe.

Vier Wochen lang wechselten mit den Revüen, Manövers und Treffen Bälle, Konzerte von italienischen Sängerinnen, italienische und französische Komödien, Jagden, Illuminationen und Feuerwerke. Eins dieser Feuerwerke währte von neun Uhr abends bis zwei Uhr morgens, fünf volle Stunden. Die kolossalen Gerüste dazu nahmen eine Breite von 244 Ellen ein und waren 96 Ellen hoch. Nicht weniger als 18,000 Stämme Holz des ausgerodeten Waldes und 300 Schock Bretter wurden dazu verwendet und 6000 Ellen Leinwand, die die sechs italienischen Maler bemalt hatten. Über ein halbes Jahr lang hatten 200 Zimmerleute daran gearbeitet. Es brannten dabei 32,000 Lampen.

Berühmt geworden ist ein Riesenkuchen, den man bei diesem Mühlberger Lustlager einmal bei einem Bankett auftrug. Er hatte eine Länge von 14 Ellen, eine Breite von 6 Ellen und war 1½ Ellen dick. Er wurde neun Stunden lang gebacken, und es steckten in seinem gigantischen Eingeweide 17 Scheffel Mehl, 4 Tonnen Milch und 82 Schock Eier. Er wurde zur königlichen

Tafel auf einem ungeheuern Wagen mit acht Pferden gefahren. Ein Zimmermann schnitt ihn mit einem drei Ellen langen Messer unter der Aufsicht des Oberlandbaumeisters auf.

Wie zu dem ersten großen Feste, dem Götter- und Göttinnen- aufzug beim Antritt seiner Regierung, 1695, ließ August auch über dieses letzte und größte Fest seines Lebens, das Mühlberger Lustlager, ein eignes Kupferwerk stechen. Es enthält 200 Realfolio- blätter, und die Kosten betrugen allein 200,000 Taler. Der Zere- monienmeister und Hofpoet König besang das Lager in seiner frei- lich bedeutend verunglückten Pferdeepopöe „Augustus im Lager". Die Gesamtkosten aller Festlichkeiten des Mühlberger Lustlagers sollen sich nur auf eine Million Taler belaufen haben, Keyßler aber gibt fünf Millionen an. Dafür bezeugte der Mercure historique der ge- samten großen Welt von Europa, daß dieses Lustlager Augusts des Starken das Lustlager weithin übertroffen habe, das bereinst Ludwig XIV. bei Compiegne veranstaltet hatte.

Aber nicht bloß der König gab am Dresdner Hofe glänzende Feste, sondern auch seine Favoriten und Favoritinnen. Loen sah im Sommer 1718 zwei solche Feste, bei denen es ziemlich jovial, ja tumultuarisch zuging.

Eins davon veranstaltete am 31. Juli der Günstling des Königs, der Feldmarschall Graf von Flemming, wovon Loen folgende Darstellung bietet: Er ließ sechs Regimenter eine Stunde vor Dresden ins Feld rücken. Die ganze königliche Leibwache zu Pferde befand sich mit dabei. Auf den Höhen waren Kanonen aufgepflanzt, und alles regte sich, um dem Hof das Schauspiel von einem förmlichen Treffen zu geben. . . . Das lustigste Schau- spiel begann nach geendigter Tafel. Die Tische wurden nicht aufgehoben, sondern das Eßwerk den hungrigen Soldaten preisgegeben. Weil es an Brot gebrach, so befahl der Feldmarschall 1000 harte Gulden in die vorhandenen Stücke Brot zu stecken. Es wurde hierauf zum Sturme geblasen, die in Schlachtordnung gestellten Soldaten rannten mutig (!) auf die mit Speisen gefüllten Tische los, die Vordersten wurden von den Hintersten zu Boden gedrückt, sogar, daß auch das eine Tisch- blatt mitten voneinander geborsten und also wohl über 100 Mann auf einem Haufen untereinander wühlten. . . . Darauf wurde alles aus dem Wege geschafft, in dem königlichen Zelt aber ein Teppich ausgebreitet und abends bis 7 Uhr getanzt. Der Feldmarschall trank dabei seinen Gästen wacker zu und wurde selbst betrunken. Der König schien auch nicht mehr ganz nüchtern, doch beging er nicht die geringste seiner Majestät unanständige Ausschweifung. . . . Der Feldmarschall aber war vor Freuden außer sich. Er fiel dem Könige, als er sich wegbegeben wollte, ganz vertraulich um den Hals. „Bruder," sprach er, „ich sage dir die Freundschaft auf, wenn du weggehst." — Die Gräfin von Dönhoff,

welche den König nie verließ, suchte ihn von solchen Unanständigkeiten
zurückzuhalten. Allein Flemming war viel zu vergnügt, als daß er sich
diesmal mit dem Wohlanstande hätte viel zu schaffen machen sollen. Er
wollte die Gräfin liebreich in seine Arme schließen. Er machte ihr Komplimente in den allervertraulichsten, ja nach unsern Begriffen gar ehren-
rührigen Ausdrücken. „Du kleine Hure," sprach er, „du bist doch eine gute
Hure, ein gutes Luderchen!" Dergleichen Komplimente war die Gräfin
von dem Feldmarschall, wenn er getrunken hatte, schon gewohnt. Sie
beantwortete solche mit Lachen und bemühte sich nur, ihn vom Könige
abzuhalten. Beim Heimritt nach Dresden fiel der König wirklich, und
auch die Gräfin von Dönhoff beinahe vom Pferde. Der König war mit
seinem Pferde hintenüber geschlagen, einer von seinen starken Läufern,
der gleich bei der Hand war, griff ihm unter die Arme. Alles lief darüber
zusammen. Man machte ihm von allen Seiten Vorstellungen, zu geruhen,
sich in eine Kutsche zu setzen. Den Stallmeister Racknitz, der etwas heftig
in den Vorstellungen war, stieß er im Zorne von sich, der Gräfin erwiderte
er mit aller Galanterie: „Laissez moi Madame, je connois mon cheval,
ne vous en mettez pas en peine." Damit sprengte er in Galopp nach
Dresden, die Chevaliergarde und der ganze Hof ihm nach. Die Gräfin
ward, als sie vom Pferde sank, durch einen der Kavaliere gerettet, sie be-
dachte sich darauf, wiewohl sie ebenfalls eine gute Reiterin war, nicht lange
und setzte sich in eine sechsspännige Kutsche.

Nachdem sich auf solche Weise der Hof entfernt hatte, begunnte der
Feldmarschall immer noch lustiger zu werden. Er griff in
Ermangelung der Damen nach den anwesenden Grisetten und sprang mit
ihnen herrlich und in Freuden herum. Endlich brach die Nacht darüber
ein und machte dieser sehr natürlichen Kurzweil ein Ende. . . . Ich befragte einen von meinen guten Freunden, der des Hofs kundig war, ob
die bezeigte Unehrerbietung des Feldmarschalls gegen den König ihm
so hingehen würde. „Ha!" sprach er im Lachen, „das sind wir so gewohnt.
Flemming hat wohl noch andere Sachen angefangen; allein wenn der
Rausch verschlafen ist und er wieder nach Hof kommt, so heißt es: Ich
höre, Flemming ist gestern ein wenig närrisch gewesen, Ihro Majestät
werden es ihm doch nicht ungnädig nehmen! Der König lacht darüber,
und dann ist alles wieder gut."

Seiner Schilderung des Lebens und Treibens am Dresdner
Hofe fügt Loen nachstehende Charakteristik der Stadt und ihrer
Bewohner hinzu: „Dresden scheint ein bezaubertes Land, welches
sogar die Träume der alten Poeten noch übertrifft. Man konnte
hier nicht wohl ernsthaft sein, man wurde mit in die Lustbarkeiten und Schauspiele hineingezogen. Es ist zu verwundern,
daß bei einem solchen, stets fortstreichenden Gewühl der Menschen, da es nicht anders schien, als ob sie bloß lebten, um
sich lustig zu machen, die Geschäfte nicht das geringste Hindernis
fanden. Wenn ein Teil der Nacht mit allerlei Lustbarkeiten war

zugebracht worden, so sah man den andern Morgen jedermann
wieder auf seinem Posten, den Kaufmann in seinem Gewölbe,
den Soldaten auf seiner Parade, die Schreiber auf ihren Kanz-
leien, die Räte in ihren Kollegien und die Rechtsgelehrten in
ihren Gerichtsstuben. Hier gibt es immer Maskeraden, Helden-
und Liebesgeschichten, verirrte Ritter, Abenteuer, Wirtschaften,
Jagden, Schützen- und Schäferspiele, Kriegs- und Friedensauf-
züge, Zeremonien, Grimassen, schöne Raritäten usw. Kurz, alles
spielt. Man sieht zu, spielt mit und man wird selbst gespielt!" —

Angesichts dieser Pracht und Verschwendung, dieser einander
in raschester Ablösung folgenden und überbietenden Feste, von
denen nur ein verschwindender Teil hier Erwähnung finden
konnte, kann man sich heutzutage nicht genug wundern über die
Seelenruhe, mit der das Volk von damals dem zufrieden und
genügsam darbend zusah, und fühlt andererseits keinen Augen-
blick Verwunderung darüber, daß das Geld bei August nie reichen
wollte — oder richtiger: konnte!

Über die Stimmung im Lande lesen wir bei Vehse: Es
würde ein großer Irrtum sein, wenn man glauben wollte, der
allerdings kolossale Aufwand für die Hoflustbarkeiten, im Lande
selbst gemacht, habe allgemeine Unzufriedenheit erweckt; im Gegenteil, er fand im Volke, die wenigen Tieferblickenden ausgenommen,
ungeteilten Beifall. Zuvörderst ist gar nicht abzustreiten, daß der
glänzende Hof eine ungeheure Menge Fremde, sowohl nach
Dresden als nach Leipzig auf die Messe, die der Hof sehr häufig
besuchte, zog, die allerdings sehr viel Geld flüssig machten. Und
dann galt nach den heutzutage freilich kaum mehr faßbaren beschränkten damaligen Begriffen von Nationalökonomie und Finanz-
kunst der Satz als unzweifelhaft und zwar fast in allen Schichten
der Gesellschaft: Wenn nur das Geld im Lande bleibt, so kann
der Hof aufgehen lassen, was und wie viel er will, ja es ist
gerade gut, wenn er recht viel depensiert, damit das Geld unter
die Leute kommt, damit die Gewerbetreibenden ihren Verdienst
haben. „Der König", schreibt Loen, „scheint recht geboren zu sein,
den Menschen Lust und Freude zu machen. Alle seine Lustbarkeiten sind auf eine Art angestellt, daß sein Volk nicht darunter
leidet und seine Schätze nicht erschöpft werden. (?) Er befördert

baburch die Künfte, die Wiffenschaften, die Handlung und den Umlauf des Geldes, wovon alle Hantierung und Nahrung ihren erften Trieb bekommt. Viele meinen, Auguft hätte das Geheimnis, Gold zu machen. Es ift glaublich, daß, wo diefe Wiffenschaft der Verwandlung der Metalle möglich wäre, diefer König folche befitzen müßte. Alle chemifchen Philofophen haben ihre Künfte hier probiert, und die Ausgaben des Königs beziehen fich gleichfam auf unerschöpfliche Einkünfte. Ich bin aber der Meinung, daß diefe Deftillierer nichts dazu beitragen, wohl aber die ftattliche Handlung, die reichen Bergwerke, der gefegnete Ackerbau und eine Menge Volk, das fich durch Fleiß und Arbeit nähret — Quellen, die nicht zu erschöpfen find, wenn das Geld fein im Lande herumläuft, da mehr hineingebracht, als hinausgeschleppt wird. Sachfen hat es unter allen deutfchen Ländern darin am weiteften gebracht." Im Anschluß an diefes Zitat schreibt Vehfe weiter: Die ohne alle weitere reifliche Prüfung zäh feftgehaltene doktrinäre Ignoranz des fogenannten Merkantilfyftems hielt alfo — und das ift fehr zur Entschuldigung des Hofes zu betonen — in diefem Punkte ganz gleichen Schritt mit der öffentlichen Meinung. Der Hof machte fich durch das Geld, das er bei den unaufhörlichen Luftbarkeiten, wenigftens in den nächften Umgebungen und namentlich unter die Bürger der Refidenz brachte, wirklich bei diefen beliebt. Und dann ift vor allem das, was fo ganz auf der Hand liegt, nicht zu überfehen: der Hof erlangte bei den fort und fort angeftellten Feftlichkeiten damit eine nicht geringe Popularität, daß er fich noch nicht, wie fpäter unter Auguft III. und feiner Gemahlin, der ftolzen kaiferlichen Prinzeffin Jofephine, gefchah, vornehm abfchloß, fondern jedermann an aller und jeder Luft möglichften Anteil vergönnte. Die Leute fühlten doch damals noch, daß fie für ihr gutes Geld etwas für ihre Ergötzlichkeit und Kurzweil hatten. —

Weit verftändlicher erscheint uns nachftehende Bemerkung über die unmittelbarften finanziellen Wirkungen diefes fortgefetzten Karnevallebens: Die Geldwirtschaft am Hofe war im traurigften Zuftande. Der König, der nie oder nur fehr felten Rechnungen durchfah, wurde von allen Seiten betrogen; er war in einer fortwährenden Sorglofigkeit, da feine Umgebungen nicht unterließen, ihn fort und fort glauben zu machen, daß feine Hilfsquellen unerschöpflich feien. „Gegenwärtig", fagt das Portrait de la cour de Pologne um 1704, „begnügt sich hier in Dresden niemand mit den Einkünften seiner Güter oder mit seinem Ge-halte. Im Gegenteil: einer sucht den andern, zumal bei Hofe zu übervorteilen. Es reicht gar nicht hin, eine vom König unter-zeichnete Anweisung zu haben. Die, welche das Geld unter Ver-schluß haben, bezahlen, je nachdem sie gegen jemand gut oder übel gestimmt sind. Selbst wenn man sich beschwert, erhält man keine andere Antwort, als: es ist kein Geld da, obwohl dies alles nur Schikane und Mangel an Achtung vor dem König ist, dessen Wille es allerdings ist, daß jedermann bezahlt werde."

Vom Leben des Adels am Hofe haben wir bereits so genaue Einblicke gewonnen, daß wir hier eine Charakteristik entbehren können, ohne sie zu vermissen. Nur ein kurzer Hinweis mag hier noch Unterschlupf finden, den wir aus Vehses Porträtgalerie der Günstlinge Augusts herausgreifen: „Daß die Korruption am Hofe Augusts des Starken in allen Partien eine vollendete Ausbildung erhalten habe, dafür haben wir in den handschriftlichen Memoiren Harthausens die stringentesten Zeugnisse erhalten, und zwar aus dem Munde der Machthaber selbst. Das Wort Hoyms, das er zu Harthausen sagte, als dieser ihm 1710, wo Hoym seinen Abschied nahm, riet, das nicht zu tun: ‚Vous ne connoissez pas assez notre corruption‘ (Sie kennen unsere Korruption nicht), ist deut-lich genug. Harthausen suchte schon seit lange eine Anstellung in Sachsen; sein größter Gönner, der Premier Flemming, sagte ganz unverholen, als Fräulein Hülchen ihm vorstellig machte, daß er ‚un si honnêt-homme‘ sei: ‚Voilà justement le mal, nous ne voulons pas ici d'honnêtes gens, mais des fripons‘ — et se tourna." (Das ist gerade das Dumme, wir können hier keine anständigen Leute brauchen, wohl aber Schufte — und drehte sich um.)

Von den „untergeordneten Personen" dagegen, die sich an Augusts Hofe breit machten und gleich dem Adel mästeten, darf hier schon deshalb ein wenig die Rede sein, weil diese Skizzierung noch einige bemerkenswerte Striche zu dem bereits gewonnenen „Bilde des Hofes von Polen" hinzufügt.

Eine große Rolle spielten die Kammerdiener, namentlich als Zuträger, wie später auch unter Brühl. Der Oberhofmarschall Pflug schon bediente sich der Kammerdiener mit größtem Nutzen, um immer festen Boden im Gemüte seines Herrn zu fassen. „Außer dem jungen Spiegel," sagt Wolff-ramsdorff, „gibt es keinen Kammerdiener, der nicht plaudert, Fischer und Lange sind von Pflug bestochen, und Fink ist ein guter Junge." Was die Herzogin von Orleans vom Hofe zu Versailles schrieb: „Die

Herren jetziger Zeit haben sich zu gemein gemacht mit ihren Lakaien, brauchen sie zu allerhand Infamien, dürfen ihnen hernach nichts sagen, die Lakaien spielen den Meister" — das hatte auch in Dresden seine Geltung. Ein paar Lieblingskammerdiener Augusts, die tüchtig emporkamen, waren Constantini und Hoffmann.

Angelo Constantini stammte aus Verona. Er reiste für August, um ihm italienische und französische Altricen zu verschaffen, stieg zum Geheimen Kämmerer, Schatzmeister der menus plaisirs, Aufseher der Schmuckkammer und ward geadelt. Er war so familiär mit dem Könige und seiner Umgebung, daß er einer von dessen Mätressen Anträge machte und sich dabei zum Spotte des Gekrönten herbeiließ. Die Mätresse erhörte den Valet nicht, zeigte ihn dem Herrn an, und er kam am 15. Dezember 1702 auf die Festung Königstein. Später bat ihn eine andre Mätresse wieder los, er ging nach Paris und starb 1729 in seiner Vaterstadt Verona.

Noch weiter brachte es ein anderer Kammerdiener: Franz Joseph Hoffmann, der Stammvater der heutigen Grafen von Hoffmannsegg. Hoffmann war dasselbe bei dem starken August, was le Bel, der erste Kammerdiener Ludwigs XV. bei dessen erotischen Unternehmungen war; er führte „die liebenswürdigen Gegenstände" zu. Hoffmann war bei Vater und Sohn zugleich in Funktion. August II. hatte nichts Geheimes vor seinem Sohne, er weihte August III. in alle seine Unternehmungen ein. 1741 kam der Lohn für den treuen Hoffmann; er ward mit vier Brudersöhnen nobilitiert. Darunter befand sich der in die diplomatische Karriere gelangte Johann Alberich Hoffmann, Legationssekretär, später Geheimer Kabinetts-Assistenzrat; auf dessen Haupt senkte sich 1779 das Grafenkrönchen herab, das das Geschlecht noch führt.

Das Geld zu den laufenden Ausgaben am Hofe ließ man durch Wechsler beschaffen, die sogenannten Hofjuden. Was in Wien Oppenheimer, in Berlin Liebmann, war das Haus Lehmann und Meyer in Dresden.

Berendt Lehmann, der eine Kompagnon des Hauses, war es, durch welchen schon 1697 der Verkauf von Quedlinburg an Kurbrandenburg ging, um Geld zur Krönung in Warschau zu verschaffen. Auch später, im Schwedenkriege, besorgte er die Anleihen, die nach dem Einfall Karls XII. in Sachsen 1706 gemacht werden mußten. Zwanzig Jahre darauf noch erscheint er als der Hauptgeldbeschaffer für den Marschall von Sachsen bei Gelegenheit seiner Unternehmung auf Kurland. Unterm 5. November 1726 schrieb Moritz an seine Mutter: „Der Jude Lehmann mag mein guter Freund bleiben. Es wird sich bald viel Gelegenheit finden, wo er mir dienen und seine Rechnung finden kann. Ich habe die Augen immer auf ihn gerichtet, als einen Mann, der sich auf große Geschäfte versteht."

Jonas Meyer, der andere Kompagnon, kam 1700 von Hamburg nach Dresden und wurde des Königs Generalproveditor und Hofagent. Er besorgte namentlich die Juwelenlieferungen an die Damen seiner Neigung. Er hielt mit Berendt Lehmann das erste ansehnliche Wechselgeschäft in Dresden. Er war ein sehr unternehmender Mann; bei der großen Teuerung 1719 und 1720 führte er aus Rußland, England, Mecklenburg und von andern Seiten her Kornvorräte nach Sachsen und verkaufte sie zu wohlfeileren Preisen, als man sie bisher hatte haben können, den Scheffel zu vier Talern. Das Gedränge der Leute bei der Austeilung, die zweimal in der Woche stattfand, war so groß, daß mehrere Menschen um ihr Leben kamen. Wie der reiche Ephraim in Berlin unter Friedrich dem Großen, machte Jonas Meyer ein sehr großes Haus und gab die prächtigsten Feste, bei denen im Jahre 1720 nicht bloß der Kurprinz, sondern sogar die Kurprinzessin, die überstolze Kaisertochter Josephine, erschien.

Noch sind ein paar heitere Gestalten aus dem Saus- und Braus-Leben des Hofs unter August dem Starken zu nennen, die sich als Hofnarren und Lustigmacher seiner Gunst erfreuten: der zu seiner Zeit sehr berühmte „Hoftaschenspieler" Joseph Fröhlich und der „Kammerkurier" Baron Schmiebel. Dem Fröhlich, einem gebornen Bayer, ließ August neunundneunzig Hanswurstjacken machen; auch trug jener einen ungeheuer großen silbernen Kammerherrnschlüssel, der sechzig Unzen wog und den er im Notfall als Zechpokal benutzen konnte. Er war ein großer Taschenspieler und verdiente sich damit viel Geld. Er besaß ein eignes Haus in Dresden und hielt sich sogar Equipage. Fröhlich soll in Warschau vor Lachen gestorben sein. Sein ewiger Widersacher war der Baron Schmiedel; dieser war bei seiner Funktion als Hofnarr fortwährend melancholisch. Der dritte zu dem Kleeblatt war Saumagen und der vierte Leppert aus Leipzig, der auf dem Privattheater Brühls die komischen Rollen spielte und zuletzt in die Kochsche Schauspielergesellschaft überging.

Auch die H o f z w e r g e hatten die Funktion, das Gemüt ihres königlichen Herrn durch Kurzweil zu erheitern. In großer Gunst stand bei August der kleine Hof- und Leibzwerg H a n t e, von Geburt ein Holländer, der an allen Orten freien Zutritt zu ihm hatte. Hante war nur zwei und ein Viertel Fuß hoch, ein höchst aufgeweckter, kluger und verschlagener Mensch; er wußte sich in jedermanns Gemütsart zu finden und allen sich beliebt zu machen. Er ritt, focht und schoß gut, starb aber schon 1716, ungefähr dreißig Jahre alt. Noch jünger, nur einundzwanzig alt, war 1710 der Leib- und Kammerzwerg der Kurfürstin Eberhardine, Hans T r a m m, gestorben. Tramm stammte aus ihrer Vaterstadt Baireuth; sie hatte ihn erzogen und er war ihr Liebling. Die Grabschrift für ihn besagt, er sei „an Statur ein Kind, an Jahren ein Jüngling, an Verstand ein Mann, an Geschicklichkeit ein Meister und an Gottesfurcht ein Muster" gewesen. Auf 82 Jahre brachte es der 1722 gestorbene Kammerzwerg Matthäus F r i e s e n. Ein vierter merkwürdiger Zwerg war Monsieur de P e i n e, mit dem Titel: königlicher Leibzwerg und Inspektor der Kuriositäten, der zwei und drei Viertel Fuß lang war und mit seiner sechs Fuß langen Frau drei Söhne und mehrere Töchter erzeugte; alle Söhne und eine Tochter waren wieder Zwerge wie der Vater und standen in großer Gunst bei Hofe. Zum Schluß des Karnevals 1721 ließ der König einmal zwölf Zwergpaare an einer besondern Tafel bewirten.

1730 gab es am Dresdner Hofe auch zwei K a m m e r r i e s e n. Der eine, neun Fuß lang, breiunbzwanzig Jahre alt, ein Geschenk des Königs von Schweden, war ein Priesterssohn aus Finnland, er hieß Daniel Cojanus. Er trug türkische Kleidung und einen Turban, war von gewaltiger Stärke und von gewaltigem Appetite. Der zweite Kammerriese war ein Mohr, ein Gegengeschenk Friedrich Wilhelms I. von Preußen gegen einige lange Albanesen; er war ebenso lang als Daniel, aber schlanker und gewandter in seinen Bewegungen und seinem Gange, damals erst achtzehn Jahre alt.

Eine der lustigsten Figuren an Augusts des Starken Hofe, zugleich aber auch einer der ehrlichsten Charaktere, den man freilich nicht zu den „lustigen Räten" zählen darf, war endlich noch Friedrich Wilhelm Baron von Kyau, aus einer alten oberlausitzischen Familie. Kyau war erst in brandenburgischen Diensten gewesen, sein Vater war Obristwachtmeister beim Großen Kurfürsten; der Sohn focht als Gemeiner 1675 bei Fehrbellin mit und wurde erst 1685 Fähnrich. 1693 trat er als Leutnant in sächsische Dienste und war seit 1702 Generaladjutant des Königs August. Man erzählt eine Menge Schwänke von ihm, in denen er zum Teil einen nicht gemeinen Witz blicken ließ.

August der Starke forderte Kyau eines Tages über Tafel auf, den Mundschenken zu machen, und ließ ihm einige Flaschen Ungar-Ausbruch als etwas besonders Kostbares bringen. Kyau stellte sofort den Pokal des Königs in die Mitte der Tafel und rings umher die Gläser der Minister und Geheimen Räte nach ihrer Rangordnung. Er ließ sich dann noch eine Anzahl kleinerer Gläser bringen, die er in den äußeren Kreis stellte. Er begann nun bei den kleinsten Gläsern einzuschenken, füllte darauf die größeren, so daß nur wenige Tropfen für den Pokal des Königs übrigblieben. Als der König fragte, was dies bedeuten solle, antwortete Kyau: „Ew. Majestät Verwaltung der Landeseinkünfte." Die Auslegung war nicht schwer. Ein andermal beklagte sich August bei Tafel über die geringen Einkünfte der Akzise, da doch alle Welt über die großen Auflagen Beschwerde führe. Die Minister bemühten sich, dem Könige beruhigenden Aufschluß zu geben. Allein dieser fragte nach Kyaus Ansicht. Da nahm der aus einem Kühlgefäß ein Stückchen Eis und bat seinen Nachbar, es weiterzugeben, bis es an August gelangte. Ziemlich geschmolzen kam es in dessen Hand. „Da sehen Ew. Majestät," rief Kyau, „wie die Akzise zu Wasser wird, wenn sie durch die warmen Hände von den Ministern passiert!" Durch eine Szene in Falstaffs Manier gelangte Kyau zu der im Jahre 1715 erledigten Kommandantenstelle der Festung Königstein. Er bat einst über Tafel den König, auf zwei Minuten mit ihm die Rolle zu tauschen. Der König genehmigte es, Kyau hob nun einen Lehnsessel auf die Tafel, bedeckte sich mit dem Hute des Königs und hielt diesem, den er als General Kyau anredete, eine großmächtige Lobrede, die damit schloß, daß er ihn zum Kommandanten des Königsteins ernannte. Der König bestätigte die Ernennung und fügte noch das Patent als Generalleutnant hinzu. Kyau starb 1733, unverheiratet und fast achtzig Jahre alt, wenige Tage vor dem Tode Augusts.

Siebentes Kapitel.

Augusts Lieben — Seine Gunstdamen — Wie's anderwärts damals zuging! — Wieviel Liebschaften? — Wieviel Kinder? — Die Hauptflammen,
ein Dutzend — Die berühmtesten Mätressen und ihre von August anerkann-
ten Kinder — Gräfin Königsmark und Moritz, Marschall von Sachsen
— (Moritz und Adrienne Lecouvreur, seine Erlebnisse in Paris, in Kurland
und im Felde; seine Theater im Feldzuge und die Künstlerinnen) — Frau
von Haugwitz, geborene Kessel — Gräfin Lamberg-Esterle — Wie sie den
König um die Diamanten prellte — Fatime, die Türkin, spätere Frau von
Spiegel — Ihre Kinder: Graf Rutowsky und Gräfin Bielinska — Die
Fürstin von Lubomirska, spätere Fürstin von Teschen, und Georg, der
Chevalier von Sachsen — Gräfin Cosel — Ihr Aufstieg, ihre Macht
und ihr Fall — Ihre Gefangenschaft, ihr Einsiedlerleben und Ende —
Ihre Kinder: Graf Cosel, Gräfin Friesen und Gräfin Moszinska — Gräfin
Dönhoff — Sophie von Dieskau — Henriette von Osterhausen — Gräfin
Orselska, die Tochter und Mätresse des Königs — Die sächsischen Damen
im Urteile von Zeitgenossen Augusts.

In der Geschichte Augusts des Starken und seines Hofes ist
eine Erwähnung der verschiedenen Damen, die seine vorzügliche
Gunst besessen haben, nicht zu umgehen. Sie haben eine zu bedeutende und einflußreiche Stelle in seinem Leben und zum Teil
auch in dem Lande eingenommen. Nicht mit Unrecht sind seine
ausgebreiteten und weit verzweigten Galanterien namentlich wegen
ihrer Kostbarkeit einem strengen Urteile der Nachwelt unterlegen.
Um billig zu sein, muß man nicht verkennen, daß die ganze Zeit,
in der August lebte, einer unglaublichen Demoralisation verfallen war.
Diese Demoralisation war von Italien ausgegangen, wo der 1655 verstorbene Papst Innocenz X. Pamfili sich frei öffentlich die berüchtigte
Donna Olympia Malbachini als Mätresse hielt. Sie war dann am Hofe
Ludwigs XIV. und an dem der Stuarts in England und zwar im größten
Stile nachgeahmt worden, wie die Memoiren S. Simons und Grammonts
uns unterrichten. Seit der Zeit nach dem dreißigjährigen Kriege war sie
auch allgemein an allen deutschen Höfen eingerissen. Selbst der einzige
Hof, der eine rühmliche Ausnahme macht, der königlich preußische, hat
dem Makel der Kolbe-Wartenbergischen Geschichte nicht entgehen können,
der späteren Wirtschaft unter Friedrich Wilhelm dem Dicken und der Gräfin
Lichtenau gar nicht zu gedenken. Es galt damals an allen europäischen Höfen
geradezu für unumgänglich erforderlich zum guten Ton, eine und mehrere
Mätressen zu haben. Man war am sächsischen Hofe nicht schlechter, als
man anderwärts war in dieser Partie, die damals allerwärts in Europa
die partie honteuse war. August der Starke bewies allerdings seine Stärke
auch in der Anzahl der Rosenfesseln der Liebe, die er nahm und mehr
oder weniger rasch wieder von sich abstreifte; er war der Don Juan auf

dem Throne. Mit Ausnahme Friedrich Wilhelms I. von Preußen war aber vielleicht nicht einer der deutschen Fürsten, die gleichzeitig mit August dem Starken lebten, vorwurfsfreier, als er. Nicht geringere Ausschweifungen, als August der Starke, machte der Kurfürst Max Emanuel von Bayern in Brüssel und in der famosen Babenburg des Nymphenburger Schlosses bei München; zwanzig Jahre lang lag Herzog Eberhard Ludwig von Württemberg in den Banden der Gräfin Grävenitz, der Landverderberin; der Markgraf Wilhelm von Baden-Durlach hielt sich 160 Gartenmägblein im Bleiturme zu Karlsruhe. Der erste Kurfürst von Hannover Ernst August hatte seine böse Gräfin Platen, die die unglückliche Prinzessin von Ahlden ins zweiundbreißigjährige Gefängnis brachte; sein Nachfolger Georg I., der erste König von England, hatte seine Gräfin Schulenburg, später Herzogin von Kendal, die die Engländer den Elefanten, und die Gräfin Kielmannsegge-Darlington, die sie die lange Kletterstange nannten; Georgs I. Sohn, Georg II., hatte wieder seine Gräfin Suffolk und Gräfin Walmoden-Yarmouth. Die Memoiren von Horace Walpole und Lord Hervey haben in betreff eines Hofes, der sonst für den reinsten und säuberlichsten gehalten wurde, vollständig enttäuscht. In der Kaiserreihe war schon Joseph I., wie die Herzogin von Orleans einmal schreibt, galant à outrance; der phlegmatische Karl VI., sein Bruder, hatte seine geistvolle muntre Spanierin Althann-Pignatelli, und Franz I. trotzdem, daß er der Gemahl der schönen Maria Theresia war, lebte doch bis zu seinem Tode 1765 mit der Fürstin Auersperg, als seiner allbekannten Mätresse; noch Leopold II. verdankte seinen frühzeitigen Tod den bodenlosen Ausschweifungen, denen er sich hingab.

Die Markgräfin von Baireuth, die Schwester Friedrichs des Großen, hat sich in ihren Memoiren nicht entgehen lassen, die Nachricht niederzulegen, daß man August dem Starken 354 natürliche Kinder[*] aufgerechnet habe, und ums Jahr 1850 hat ein französischer Professor Philarethe Chasles in einem Aufsatz über die unglückliche Prinzessin von Ahlden in der Revue des deux mondes ihm 700 Frauen, also 300 weniger als der weise König Salomo hatte, zugewiesen. Augusts Unglück war sein heißes Blut, der frühere Aufenthalt in Paris und später der in Polen, bekanntlich nach Frankreich dem galantesten Lande Europas, einem wahren Venusberge des Ostens — vor allen Dingen aber der Geist seiner Zeit, der mit dem Aberglauben und den Vorurteilen auch sich über alle Schranken der Sitte und Ehrbarkeit hinwegsetzte, ein Geist,

---

[*] Andererseits gibt man die Kinderzahl auf 365 — also gleich den Tagen des Jahres — an. Beide Zahlen sind verdächtig. Man kennt z. B. aus Johann Friedrich von Wolfframsdorffs „Journal de mon voyage" eine Sage, derzufolge eine Gräfin von Holland 365 Kinder gehabt haben soll. (A.)

dem das schöne Laster als die empfehlenswerteste Sache des guten Tons galt.

Die vielberühmte „Saxe galante", von deren Verfasser, dem preußischen Oberzeremonienmeister Baron Pöllnitz, Friedrich der Große, der gar nicht gern Hofgeheimnisse ausgetragen sah, urteilte: „divertissant beim Essen, hernach einsperren", enthält die Liebschaften des starken August, freilich in romanhafter Umhüllung. „Sie ist aber", sagt von Loen, ein unparteiischer, redlicher, wohl unterrichteter Mann, „mit nichten als ein bloßer Roman zu betrachten, und es finden sich in Ansehung des Hofs darin sehr viele Wahrheiten." Als reine Quelle kann man indes das Buch nicht betrachten, denn man stößt darin auf notorische Unrichtigkeiten, Anachronismen und sonstige Flüchtigkeiten. „Die Hauptquelle, der ich", schreibt Vehse, „in diesem Kapitel über die Hofgesellschaft Augusts des Starken gefolgt bin, sind die handschriftlichen Memoiren Haxthausens, der in der Intimität mit allen Notabilitäten am Hofe Augusts lebte und namentlich ein Spezialfreund der Gräfin Cosel war."

Erklärte und fürstlich beschenkte Favoritinnen, die der königliche Don Juan hatte, kennt man bei Namen zwölf. Der Zeitfolge nach waren sie folgende:

1. Fräulein Kessel, spätere Frau von Haugwitz, eine Sächsin.

2. Seit 1694, dem Regierungsantrittsjahre in Sachsen: Maria Aurora, Gräfin Königsmark, geboren um 1668, später Pröpstin von Quedlinburg, eine Schwedin, Mutter des Marschalls von Sachsen.

3. Fatime, eine in Ofen erbeutete Türkin, als Maria Aurora getauft, Gesellschafterin bei Maria Aurora Königsmark und später Frau von Spiegel, Mutter des Grafen Rutowsky und der Gräfin Bielinska, später Bellegarde.

4. Seit 1696 beim Aufenthalt in Wien: Gräfin Esterle, geborene Gräfin Lamberg, eine Österreicherin.

5. Seit 1697, dem Regierungsantrittsjahre in Polen: Fürstin Lubomirska, geborene Fräulein von Bockum, nach ihrer Scheidung Fürstin von Teschen, später wieder vermählte Herzogin von Württemberg, eine Polin, geboren 1680, Mutter des Ritters von Sachsen.

6. Vor dem Weggang aus Polen nach Sachsen 1706: Madame Henriette Renard, die „schöne Weinschenkin" zu Warschau, eine Französin, von deren Bruder die schlesischen Grafen Renard abstammen, Mutter der Gräfin Orselska.

7. Seit 1706, dem Jahre der Rückkehr nach Sachsen: Gräfin Anna Konstanze Cosel, geschiedene Frau von Hoym, ein geborenes Fräulein von Brockdorf, eine Dänin, geboren 1680, Mutter des Grafen Cosel und der Gräfinnen Moszinska und Friesen — die mächtigste Maîtresse en titre.

8. 1709 bei der Franzosen-Campagne am Rhein: die Brüsseler Tänzerin Duparc, eine Französin.

9. Vor 1716, wo die Cosel gestürzt ward: Gräfin Dönhoff, geborene Bielinska, eine Polin.

10. Fräulein von Dieskau, später Frau von Loß, des ersten Grafen seines Geschlechts Gemahlin, eine Sächsin.

11. Fräulein von Osterhausen, später Frau von Stanislawsky, eine Sächsin, und endlich

12. die merkwürdigste: Die Gräfin Anna Orselska, später Herzogin von Holstein Beck, geboren 1707 von Madame Renard.

August der Starke wußte, wie Loen schreibt, „seine Liebhabereien vortrefflich zu wählen, er war in der Tat großmütig, und es kostete ihm jedesmal ein grausames Leiden, so oft ihn eine neue Leidenschaft hinriß, welche das Opfer der vorigen verlangte."

Unter den Favoritinnen Augusts sind hauptsächlich sechs Damen berühmt geworden: die Königsmark, die Spiegel, die Lubomirska, die Cosel, die Dönhoff und die Orselska. Gleichzeitig mit den Hauptflammen zu diesen Hauptobalisken flammten Nebenflammen mit flüchtigeren Liebschaften.

Von fünf Damen hat der König Kinder anerkannt, zusammen vier Söhne und vier Töchter: den Marschall Moritz von der Königsmark, den Ritter (Chevalier) Georg von Sachsen von der Lubomirska, den Grafen Cosel und seine Schwestern, die Gräfinnen Friesen und Moszinska, von der Cosel, den Grafen Rutowsky und die Gräfin Bielinska von der Spiegel und die Gräfin Orselska von der Renard.

— — — — — — — — — — — — — — — —

Maria Aurora, Gräfin Königsmark war eine geborne Schwedin. Sie war die Schwester von Augusts Jugendfreund und

Reisegesellschafter, des Grafen Philipp Königsmark, der als Liebhaber der Prinzessin von Ahlden am hannoverischen Hofe 1694
ein tragisches Schicksal erfuhr. Dieses Schicksal war es, was
Aurora mit August zusammenführte.

August war im Frühling 1694 eben Kurfürst geworden.
Aurora wandte sich an ihn in der Angelegenheit ihres Bruders,
der — von August unmittelbar nach seinem Regierungsantritt
zum Generalmajor über ein Regiment Küraffiere ernannt —
im Begriff von Hannover nach Dresden abzureisen, am 1. Juli
1694 in Hannover beiseite geschafft, plötzlich verschwunden war,
als ob ihn die Erde eingeschluckt hätte.

Aurora war die erste Schönheit, die Augusts veränderliches
Herz dauernder als seither in Fesseln schlug. Sie kam weder so
jung noch so jungfräulich, als man früher geglaubt hat, zu
August; sie war keineswegs „im Namen und in der Tat eine
Aurora". „Ich glaube," schreibt die Herzogin von Orleans am
20. März 1699 (also fünf Jahre nach Auroras Erscheinen in Dresden), „daß die Königsmarkin sich eilen muß, wo sie noch gefallen
will, denn sie ist nun die Jüngste nicht mehr." Aurora hatte wahrscheinlich am hannoverschen Hofe schon schöne Sonnenuntergänge
erlebt, wie die von Palmblad über das Verhältnis Königsmarks
zur Prinzessin von Ahlden mitgeteilten Briefe erkennen lassen;
sie scheint sogar ein Liebesabenteuer mit dem Gemahl der Prinzessin von Ahlden, dem damaligen Kurprinzen, späteren ersten
König von England aus der Hannoverdynastie, gehabt zu haben.

Aurora war geboren um das Jahr 1668 auf der Agathenburg bei
Stade. Ihr Vater, schwedischer, dann holländischer General, fiel bei der Belagerung von Bonn. Ihre Mutter stammte aus dem durch erbliche Schönheit berühmten Geschlechte Wrangel. Aurora Königsmark erhielt ihre Erziehung und Bildung in Hamburg, in Stockholm, in Hannover, 1691 verlor
sie die Mutter und lebte seitdem mit ihrer Schwester, die an den schwedischen
Grafen Lewenhaupt, General in sächsischen Diensten, vermählt war, in
Hamburg, besuchte aber von da wiederholt die Höfe von Hannover und
Wolfenbüttel und Quedlinburg. Ihr Bruder liebte sie sehr und nannte
sie in seinen Briefen an die Herzogin von Ahlden nur „die Aventurière".
1694, als sie den König kennen lernte, war sie sechsundzwanzig Jahre alt.

Sie war aber mit allen natürlichen und gesellschaftlichen Gaben ausgestattet, die Augusts Herz fesseln konnten. Sie sprach und schrieb vortrefflich außer Schwedisch und Deutsch die französische, italienische und
englische Sprache, verstand sogar Latein, sang vortrefflich, tanzte ebenso
vortrefflich, spielte die Laute und Gambe, komponierte, malte und machte

sehr hübsche Verse in französischer und deutscher Sprache.*) Selbst Voltaire urteilt von ihr bei Gelegenheit eines ihrer französischen Gedichte, man könne glauben, daß die Verfasserin in Versailles geboren sei. Zeitgenossen berichten mit höchsten Lobpreisungen von ihrer hohen, schlanken Gestalt, ihrem runden, blühenden Gesicht, ihrem reichen vollen Haare, das echt schwedisch-blond war, der offnen erhabenen Stirn, ihren großen, dunkeln, feurigen, wunderbaren Glanz ausstrahlenden Augen und den geheimnis- vollen Reiz ausübenden feinen Brauen darüber. Sie habe eine selten vollendet schöne Nase gehabt und einen ausnehmend kleinen Mund mit den schönsten roten Lippen und blendend weißen Zähnen.

So viele Liebenswürdigkeiten übten auf August ihre Macht, ließen beide aber auch das drastische Schicksal des geliebten Bruders in Hannover bald vergessen. Es findet sich nichts darüber, daß August etwas Wesentliches für die Königsmarksche Angelegenheit getan habe. Er ließ die Sache auf gesandtschaftlichem Wege be- treiben, Hannover ließ sich aber zu keiner Erklärung herbei. Desto mehr tat er für Aurora. Bei einem zu Ende des Jahres 1694 in Moritzburg gegebenen Feste ward sie mit einer Reihe der glänzend- sten mythologischen Aufzüge und sonstigen Huldigungsfeierlich- keiten empfangen, das Schloß selbst ward ihr zu Ehren Dianen- burg betitelt. Zum ersten Geschenk erhielt sie ein Bukett von Brillanten, Rubinen, Smaragden und Perlen, das beim Souper auf ihrem Teller lag — damals ward sie in Moritzburg sein eigen.

Im Mai 1695 begleiteten Aurora Königsmark und Fräulein Klengel, ihre Vorgängerin, den Kurfürsten nach Karlsbad, von wo er zu dem türkischen Feldzug in Ungarn abging. Zum Karneval 1696 kam er wieder nach Dresden. Am 28. Oktober 1696 gebar Aurora zu Goslar im Harze einen Sohn, den nachmals so be- rühmten Grafen Moritz, Marschall von Sachsen. Damals war August wieder auf der Türkenkampagne in Ungarn, einen Monat später kehrte er aus Wien zurück; am 17. Oktober 1696 war

*) Paulini teilt im „Hoch- und wohlgelahrten deutschen Frauenzimmer", Frankfurt und Leipzig 1722, folgendes „Lied" der Königsmark mit: „Die Lieb entzünd't die Herzen — Durch der Augen Kerzen — Im Anfang ist es scherzen — Doch bald folgt die Pein. — Wer will die Gluth verdammen? — Es sind des Himmels Flammen — Sie bindet nur das Herz allein — Wer kann ihr Meister sein? — Sie zwingt den Muth — Sie bringt in's Blut — Verfolgt mit Feuer und Gluth; — Sie ist uns angeboren, — Kennst du den Stand — Und fliehst das Band — Hast du die Müh' verloren — Und mehrst nur deinen Brand." Dies für jene Zeit sicher ganz achtbare Poem hatte die Gräfin für eine vorhandene englische Melodie geschrieben. (A.)

ihm auch der Kurerbe Friedrich August geboren worden. Er brachte aus Wien eine neue Maîtresse en titre mit, die er unterweilen angenommen hatte, die Gräfin Lamberg, nachherige Esterle. Er nahm die Königsmark, die Lamberg und die Spiegel mit nach Warschau. Keine von diesen drei Mätressen soll nach Harthausen gewußt haben, daß sie eine Nebenbuhlerin habe.

Das Verhältnis mit der Königsmark endigte, seit sie von Warschau nach Sachsen zurückgereist war. Als Maîtresse en titre war sie daher allerdings wirklich nur eine Aurora. Sie blieb aber, ihrem sanften Charakter gemäß, mit dem König in gutem Vernehmen, tröstete sich und wurde getröstet. Im Jahre 1698 schenkte ihr der neue König von Polen 50,000 Taler, mit diesen ging sie nach Schlesien und lebte in Breslau. Herzog Christian Ulrich von Württemberg-Oels bot ihr seine Hand an, August versagte aber seine Einwilligung. In Breslau blieb sie bis zum Ausbruch des großen nordischen Krieges. Im Dezember 1701 reiste sie zu August nach Warschau, der sie 1702 zu der verunglückten Mission an König Karl XII. von Schweden gebrauchte.

Im Jahre 1700 war sie Pröpstin in Queblinburg geworden. Sie lebte teils hier auf der Abtei, teils in Dresden und Leipzig, teils in Hamburg, überall im großen Stile. In Queblinburg empfing sie den Besuch von zahlreichen Fremden, Adel und Fürstlichkeiten. Unter andern verweilte im Jahre 1711 Zar Peter in Begleitung der herzoglichen Familie von Braunschweig und des Kronprinzen Alexei, der sich eben mit einer braunschweigischen Prinzessin zu vermählen im Begriff stand, drei Tage in Queblinburg bei ihr. Sie erhielt die erdenkbar galantesten Briefe von den benachbarten Fürsten, den Herzogen Ludwig Rudolf und Anton Ulrich von Braunschweig-Wolfenbüttel und von dem Herzog von Braunschweig-Bevern, von den beiden ersten Fürsten von Schwarzburg-Sondershausen, von dem alten Dessauer und selbst von dem gestrengen König Friedrich Wilhelm I. von Preußen. Mit ihrem ehemaligen Geliebten, dem starken August, ward nur eine Korrespondenz im Kurialstil noch gepflogen, die in den herkömmlichen Gratulationsschreiben zum Neujahr usw. bestand.

Die Gräfin hatte eine Menge neue Liebschaften, ward sehr stark und gab sich viel mit Geldgeschäften ab, da sie immer derangiert war. Die von ihr erhaltenen Papiere, die ihr Biograph Cramer mitteilt, lassen sie als eine höchst galante und splendibe Dame von gutem Humor erkennen — aber zugleich als zärtlich besorgte Mutter. Sie starb sehr verschuldet 1728, sechzig Jahre alt, und liegt zu Queblinburg begraben. Sie starb bergestalt arm, daß ihr Begräbnis länger als ein Jahr aufgeschoben werden mußte. Es konnte aufgeschoben werden, weil sich bei ihrer Leiche die Merkwürdigkeit zeigte, daß sie nicht in Verwesung überging; noch bis in die Mitte des neunzehnten Jahrhunderts soll man an dieser unverwesten Leiche noch unverkennbare

Spuren hoher Schönheit gesehen haben. In Queblinburg sieht man auch noch ein Gemälde von ihrer Hand, das sie selbst und ihre Schwester Amalie — in Jagdkleidern unter Bäumen sitzend darstellt; im Hintergrund zeigen sich zwei von Jägern verfolgte Rehe — wahrscheinlich sollte das Bild eine Allegorie auf ihre eigne Lebensgeschichte sein.

Der Sohn Augusts des Starken und der Gräfin, Graf Moritz, gewöhnlich der Marschall von Sachsen genannt, wurde der berühmteste unter allen Söhnen Augusts.

Er war kaum aus der Wiege, als er nach Trommeln und Pauken verlangte. Seine Mutter ließ ihn im Haag und zwar lutherisch erziehen. Schon in seinem dreizehnten Jahre 1709 diente er als General-Aide-Major unter Graf Schulenburg am Rheine. Ihm hatte Moritz, mit dessen Studien es sich anfänglich übel genug anließ, zu danken, daß er fleißig ward und lernte. Wiederholt sagte und schrieb Schulenburg ihm: „Il n'y a rien de si horrible que d'être ignorant." (Es gibt nichts Schrecklicheres als unwissend sein.) Bei der Rheinkampagne hieß der kleine muntere Taugenichts (notre petit eveillé dépravé), wie ihn seine Mutter einmal in einem Briefe an Schulenburg aus Hamburg am 29. Oktober 1709 nennt, nach den Lettres historiques noch Comte de Rosencranz, im Jahre 1710 aber erkannte ihn der König als seinen Sohn an und setzte ihm eine Rente von 10,000 Talern aus. 1711 ward er, während der König das Reichsvikariat führte, zum Reichsgrafen erhoben.

Moritz war der Erbe des leichten Bluts seines Vaters. Er vermählte sich schon mit siebzehn Jahren 1713 mit einer reichen Lausitzerin, Gräfin Viktoria von Löben. Sie stand schon vor der Heirat nicht im besten Rufe, und 1721 ließ sich Moritz wieder von ihr scheiden. In seinem vierundzwanzigsten Jahre war Moritz, weil er mit dem König in gespannte Verhältnisse geraten war, und der ehrgeizige Flemming ihn in der sächsischen Armee nicht befördern wollte, nach Paris gegangen und in französische Kriegsdienste getreten. Hier begann im Jahre 1722 sein vertrautes Verhältnis mit der schönen und geistreichen Schauspielerin am théatre français Adrienne Lecouvreur.

Das Jahr 1726 entführte Moritz aus den Armen dieser schönen Französin, die ihn mit derselben Leidenschaft, aber mit mehr Treue liebte, als er sie. Moritz ging nach Kurland, wo ihn die Stände als bereinstigen Nachfolger des letzten Kettler zum Herzog von Kurland wählten, am 28. Juni

1726. Aber er verscherzte das Herzogtum und sogar den Thron von Rußland, weil er in Mitau der verwitweten Herzogin Anna von Kurland, Tochter des Zaren Iwan, Bruders und Vorgängers Peters des Großen, die nachher 1730 als Kaiserin Anna den Thron in Petersburg bestieg und ihm ihre Hand reichen wollte, nicht treu blieb, sondern wieder einen neuen Liebeshandel mit einem von ihren Hoffräuleins anspann. Noch regierte die Witwe Peters des Großen, Katharina I., in Rußland; sie und ihr allmächtiger Günstling Menzikoff waren Moritz' Absichten entgegen und mußten auch seinem Vater, dem König von Polen, als Lehnsherrn von Kurland zu imponieren. Sein Vater ließ ihn ohne Hilfe; am 22. November 1726 schrieb Moritz seiner Mutter: „Was den König betrifft, so ist er wie von Stein und weicht nicht; er befindet sich in der Lage jenes Barbiers, der sich versteckte und unaufhörlich schrie: König Midas hat Eselsohren." Eine andere Fassung des Unwillens des martialischen Sohns über den nicht martialischen, von Rußland eingeschüchterten Vater, die sich aber im französischen Original des fraglichen Briefs ausgestrichen findet, lautete: „Le Roi est un Roi en peinture". Vergebens unterstützte ihn seine Mutter mit den Trümmern ihres Vermögens, vergebens verkaufte die treue Adrienne in Paris alle ihre Juwelen und Kostbarkeiten und schickte dem ungetreuen Liebhaber 40,000 Franken nach Mitau. Als Moritz wieder nach Paris kam, knüpfte er, um durch sie dem französischen Hofe Unterstützung abzugewinnen, ein anderweitiges Liebesverhältnis mit der Herzogin von Bouillon an. Als er mit dieser einst im Theater erschien, ereignete sich die famose Szene, wo Adrienne als Phädra, gegen die Loge der Herzogin gekehrt, sie mit den Donnerworten „von den unverschämten Frauen, die, nicht mehr erröten könnend, ihres Verbrechens sich freuen" ansprach. Die Herzogin, auf die sich alle Blicke richteten, die vor Wut in Ohnmacht fiel und das Theater verlassen mußte, antwortete mit Gift auf diese Ansprache.

Schon im März 1727 mußte Moritz von seiner zweiten Reise nach Kurland zurückkehren, die Russen vertrieben ihn, er hatte zuletzt, wie einer seiner Getreuen seiner Mutter schrieb, den größten Teil des Tages im Bette zugebracht und sich den Don Quixote vorlesen lassen. Er ging erst nach Warschau, dann nach Breslau und 1729 kam er wieder nach Paris, wo er von nun an zwanzig Jahre lang blieb. Von der kurländischen Don Quixotiade blieb ihm nur der Titel eines Herzogs von Kurland. Aus Sachsen bezog er die Einkünfte der thüringischen Herrschaft Tautenburg.

Die militärische Laufbahn, die den schönen Sohn des schönen Königs glorreicher als seinen Vater gemacht hat, begann im österreichischen Erbfolgekriege, freilich im Dienste Frankreichs gegen Deutschland. Moritz kommandierte die Truppen, die mit sächsischen verbunden in Böhmen einfielen und im Jahre 1741 Prag einnahmen.

Sein Bruder, der zweite August von Sachsen-Polen, bot ihm den Oberbefehl über seine Armee an, Moritz schlug ihn aber aus, um sich nicht unter einen Brühl, den allmächtigen Günstling, stellen zu müssen, er ging nach Frankreich zurück. 1744 ward er zum Maréchal de France erhoben und verdiente den bâton in den drei Siegesschlachten in den Niederlanden 1745 bei Fontenay, 1746 bei Raucoux und 1747 bei Laffeld. 1746 als Französe naturalisiert, starb er 1750, vierundfünfzig Jahre alt auf dem Schlosse Chambord, dem Inselschlosse, das ihm Ludwig XIV. geschenkt hatte.

Der galante Marschall von Sachsen nahm Hofgenüsse und Hoflustbarleiten mit ins Feldlager. Er sagte: „Mit den Franzosen geht es nicht besser, als wenn sie heiter geführt werden. Nichts fürchten sie mehr im Kriege, als die Langeweile." Allezeit befand sich deshalb in seinem Hauptquartier ein Theater; der Theaterdirektor war Favart. Die Tänzerinnen und Sängerinnen dieses Theaters bildeten eine Art von Serail. Der Marschall pflegte von den Favoritsultaninnen, der Mademoiselle de Chantilly, die 1749 mit ihrem Holzschuhtanz allen Parisern die Köpfe verdrehte und die nachher Mad. Favart wurde, und der Mademoiselle de Beaumenard zu sagen: „Sie machen mir mehr zu schaffen, als die Husaren der Königin von Ungarn."

Vor der Schlacht bei Fontenay ließ sich Moritz mit der höchsten Bravour erst punktieren, er hatte die Wassersucht und war dem Tode nahe. Als in dieser Schlacht bei Fontenay, wo sich die französischen und die englischen Garden erst gegenseitig bekomplimentierten, wer zuerst schießen sollte — die königlichen Haustruppen mit dem Rufe: Vive le Roi — denn der König war selbst gegenwärtig — die feindlichen Batterien unterliefen, die sie scharenweise niedermähten, glaubte der König, sie seien toll geworden, Moritz aber brummte: „Que voulez-vous, Sire, c'est le cœur de l'homme!" (Was Sie denken, Sire, das ist das menschliche Herz!)

Am Vorabend der Schlacht von Raucour trat Favart nach Beendigung des Theaters heraus und verkündigte in Couplets den Tagesbefehl: „Demain: Relache à cause de la bataille, que donnera M. le Marechal. Aprés demain: Jour de victoire, nouvelle pièce le coq du village." (Morgen: Geschlossen wegen der Schlacht, die der Herr Marschall liefern wird. Übermorgen: Siegesfeier, ein neues Stück: Der Dorfhahn.) Nach dem dritten Siege bei Laffeld bekränzten die Theaterheldinnen den Sieger im Schauspielhause mit Lorbeeren.

Nach Baron Grimm zwang der Marschall seinen Theaterdirektor Favart, die ihm während der Belagerung von Mastricht entführte Chantilly, die er unterhielt, bei der er aber keine Gegenliebe fand — trotzdem sie Favart geheiratet hatte, wieder abzutreten; er wirkte eine lettre de cachet (Haftbefehl) gegen ihn aus, er nahm sie mit auf sein Schloß Chambord, aber sie wurde hier nach einem Jahre die freilich unschuldige Ursache seines Todes. Sein prächtiges Denkmal von Pigal steht — weil Moritz Protestant war — in der protestantischen St. Thomaskirche zu Straßburg. Bekanntlich war die berühmte Dichterin George Sand die Enkelin eines natürlichen Sohnes des Marschalls von Sachsen.

—————————————————————

Wir kommen noch mit einem Wort auf die Nebenflammen, die das Herz des Königs während der ersten Hauptflamme mit der Königsmark und der dritten mit der Lubomirska beschäftigten, zurück; es waren die Fräulein Kessel und die Gräfin Lamberg-Esterle. Die zweite Hauptflamme war die Frau von Spiegel.

Sophie Eleonore von Kessel war die erste unter den bekannten Favoritinnen der Zeit nach: sie erhielt für 60,000 Taler Diamanten und ward später an Hans Adolf von Haugwitz, Hofmarschall und nachherigen Oberküchenmeister und Oberschenk, vermählt.

Gräfin Lamberg, die Scheingemahlin des kaiserlichen Kammerherrn Johann Anton Graf Esterle, eines Böhmen, erhielt als erstes Präsent einen Schmuck von 40,000 Gulden an Wert und ihr Mann nebst der Oberhofmarschallscharge ein Jahresgehalt von 20,000 Gulden. Aus dem Briefwechsel der Gräfin Lewenhaupt, Schwester der Gräfin Königsmark, geht hervor, daß man bereits im Mai 1698, kurz nach der Krönung in Polen, die Dame, die schwanger war, ihrem Gemahle nachsenden wollte, daß dieser aber die ihm deshalb gebotenen 50,000 Taler ausschlug. Die Gräfin Esterle erhielt sich noch eine Zeitlang in Warschau neben der Fürstin Lubomirska, dann schickte man sie fort.*) Unterm 6. Februar 1701 schreibt General Lewenhaupt aus Warschau an seine Frau: „Mit der kleinen Gräfin ist Alles vorbei, und man erzählt sich, sie wolle in ihr Vaterland zurückreisen, sodaß es scheint, als würden die blonden Haare den Sieg davon tragen, wenn die schwarzen Augen sie nicht noch aus dem Felde schlagen." Unterm 18. Januar 1702 schreibt er aus Warschau: „Wir wissen, daß die Gräfin Esterle in Breslau ist, doch hat es keinen Anschein, daß sie wieder an unsern Hof zurückkehrt; sie soll dort sein, um mit ihrem Eheherrn eine Übereinkunft zu treffen." Nach einem Briefe der Gräfin Lewenhaupt vom 28. Oktober 1702 verlor sie ihre Pension.

---

*) In Polen trat die Gräfin Esterle mit großer Unverschämtheit auf und war mit ihrer Gunst so freigebig, daß August, als er einmal den Fürsten Wiesnowsky zu ungewöhnlicher Stunde bei ihr fand, ihr befahl, binnen zwei Stunden das Schloß und gleich darauf das Land zu verlassen. Schon am anderen Tage verließ sie Warschau. Auf Veranlassung ihrer Feinde sandte der König einen Offizier mit dem Auftrage hinterdrein, von der Gräfin die ihr nur für die Zeit der Krönungsfeierlichkeiten geliehen gewesenen Diamanten zurückzufordern. Sie geriet außer sich, lieferte aber doch das Schmuckkästchen aus und verlangte nur der Sicherheit wegen, der Offizier möge ihr gestatten, es in seiner Gegenwart zu versiegeln. Der König war höchlichst erstaunt, in dem ihm überbrachten Kästchen anstatt des Schmuckes — Kieselsteine und Flitterkram zu finden. Die Esterle war auf den Fall vorbereitet gewesen und hatte daher die Diamanten durch einen ihr ergebenen Musiker auf einem anderen Wege aus dem Lande bringen lassen. (A.)

Frau von Spiegel war die zweite Hauptflamme Augusts: sie war die Scheingemahlin des Kammerdieners Spiegel, der nachher als Obristleutnant und geadelt erscheint, und ursprünglich ein schönes türkisches Mädchen, das Fatime hieß, eine Zirkassierin von hoher Geburt, die man 1686 fünfjährig bei der Eroberung von Ofen erbeutet hatte. Graf Königsmark*) hatte sie nach Harthausens Angabe seiner Schwester, der Gräfin Aurora, mitgebracht, und mit dieser war die auf ihre Namen getaufte Maria Aurora als Gesellschafterin, fast wie eine Tochter gehalten, nach Sachsen gekommen.

Bei Förster lesen wir: „Da für den König August die Liebesabenteuer nur dann Reiz hatten, wenn damit Verführung der Unschuld oder Verleitung zum Ehebruch verbunden waren, sparte er weder Schwüre noch Geschenke, bis es ihm gelang, die schöne Fatime zu gewinnen."

Nach wenigen Jahren ward der veränderungslustige König ihrer wieder überdrüssig; sie soll ihm zu schüchtern gewesen sein. Er ließ Frau von Spiegel in Polen zurück. Sie lebte dort nach ihrer großen und freigebigen Weise und vertat von den über 100,000 Talern, die sie vom König erhalten hatte, vieles. Nachdem sie aber mehrere Jahre so in Polen zugebracht hatte, langweilte sie sich. Das Reich der Gräfin Cosel ging damals zu Ende, und Flemmings Cousine, die Krongroßschatzmeisterin Przebendowska, die die Cosel nicht liebte, aber für die Spiegel eine große Freundschaft gefaßt hatte, brachte diese, da sie nichts von ihr zu befürchten hatte, mit nach Sachsen, ließ sie bei sich wohnen, an ihrer Tafel speisen und behandelte sie ganz wie eine Freundin. Nach Försters Angabe erwarb sich Frau von Spiegel durch ihr zurückgezogenes Leben große Achtung.

Die ihm von Frau von Spiegel geborenen Kinder erkannte August an, nämlich den Grafen Rutowsky und die Gräfin Bielinska, nachherige Bellegarde.

Graf Friedrich August Rutowsky war geboren im Jahre 1702. Er erhielt seine Erziehung in Frankreich und trat nachher in die Dienste des Königs Viktor Amadeus von Savoyen und kurze Zeit in die König Friedrich Wilhelms I. von Preußen, bei dem er sehr wohl gelitten

---

*) Falsch ist also die häufig anzutreffende Mitteilung, daß Fatime in Ofen an Feldmarschall Schöning gefallen sei, der sie in Berlin habe taufen lassen und der polnischen Krongroßschatzmeisterin Przebendowska, gebornen Flemming, zum Hochzeitsgeschenk verehrt habe.

war. Von da trat er in sächsische Dienste und führte hier das preußische Exerzitium ein: „die Canaille hat uns Alles abgestohlen", sagte später Friedrich der Große im Grimme gegen Sachsen. Rutowsky war begabt und kenntnisreich, aber gleich dem Chevalier de Saxe, dem Sohne der Fürstin von Teschen, untätig und träge. 1738 hat Rutowsky die erste Dresdner Freimaurerloge zu den drei Adlern gestiftet. Im ersten Jahre des siebenjährigen Kriegs mußte er die gesamte sächsische Armee im Lager von Königstein an Friedrich den Großen überlassen, woran aber die Schuld mehr Brühl trifft, als Rutowsky. Dieser starb ein Jahr nach dem siebenjährigen Kriege, zweiundsechzigjährig.

Die Tochter der Frau von Spiegel, Katharina, geboren 1706, heiratete 1728 einen Polen, den Grafen Michael Bielinsky, einen Bruder der Gräfin Dönhoff, der Nachfolgerin der Cosel, trennte sich aber nach der herkömmlichen polnischen Weise wieder von ihrem Gemahl und lebte in Paris. 1735 geschieden, vermählte sie sich 1736 mit dem französischen Grafen Claudio Bellegarde, der als Generalleutnant in sächsische Dienste trat. Bei des Königs Tode erhielt sie zufolge seines Testaments 8000 Taler Jahresrente wie die Orselska.

Die zweite Hauptfavoritin König Augusts war die Polin Ursula Katharina Fürstin von Lubomirska, später Fürstin von Teschen. Sie war geboren 1680 und ebenfalls eine der schönsten Frauen ihrer Zeit; wie ihre Bilder im Saale des großen Gartenpalais und auf der Galerie zu Dresden bezeugen, eine üppige Blondine. In ihren Adern floß französisches Blut, sie war eine geborene von Bockum, Tochter des Stolnicks von Litauen, eines eingewanderten Franzosen. Der Kardinal-Primas von Polen Radziejowsky war ihr Oheim*), und ihr Gemahl wurde der Sohn des alten, 1667 zu Breslau gestorbenen Kron-Großfeldherrn Lubomirsky, der junge Fürst Georg von Dominic, Kron-Oberkammerherr. Der König wandte, sagte man, ihr zuerst seine Neigung zu, als er bei dem Ringelstechen im Karneval 1697 vom Pferde geworfen wurde, und sie vor Teilnahme und Schreck über den königlichen Helden in Ohnmacht fiel. Kurz darauf führte der König die Fürstin auf die Leipziger Neujahrs-Messe, um sie der Gemahlin Friedrichs I. von Preußen, der philosophischen Königin Sophie Charlotte, vorzustellen. Diese geistreiche Dame machte sich einen höchst vergnüglichen Scherz; sie veranstaltete einen Maskenball, zu dem sie außer der Fürstin

---

*) In diese Liebschaft scheint also auch einige politische Rücksicht den König geführt zu haben. (A.)

von Teschen noch drei frühere Geliebten des Königs, die Gräfin Königsmark, die Gräfin Esterle und die Frau von Haugwitz, geborene Keffel, ohne daß eine dieser Damen von der Anwesenheit der andern etwas wußte, einlud. Alle diese vier Damen suchten den König wegen seiner Unbeständigkeit zu necken; als sie sich aber gegenseitig erkannten, kam es zu einer leidenschaftlichen Szene, die die Festgeberin dadurch beendigte, daß sie den König eiligst aus der Quadrille zurückzog, in die sie ihn mit den vier Damen engagiert hatte. Nach beendigtem Karneval führte August die Fürstin Lubomirska mit zur Krönung nach Polen. Nach polnischer Sitte war es während der Fastenzeit gestattet, in jeder Woche der Devotion halber einige Tage im Kloster zuzubringen. Die Fürstin sah hier wiederholt den König seiner Leidenschaft halber; er schlich in der Kapuzinerkutte zu ihr. Die Liebenden setzten den vertraulichen Ton dann auch in der Gesellschaft bei Hofe fort. Der junge Lubomirsky wurde eifersüchtig, wollte vom Hofe weg und auf seine Güter ziehen. Die Gemahlin sollte folgen — sie wollte nicht, es kam zur Trennung, der Papst annullierte die Ehe, wie er das so oft den Polen zu Gefallen getan hat. Die Fürstin leistete dem Könige gute Dienste, um den Primas, der die Hauptstütze des Prinzen von Conti bei der polnischen Königswahl gewesen war, auf seine Seite zu bringen. Sie ward zur Reichsfürstin von Teschen erhoben, als sie ihm im Jahre 1700 Georg, den sog. Chevalier de Saxe, geboren hatte. Sie erhielt sich als Maîtresse en titre mehrere Jahre; endlich verdrängte sie die Gräfin Cosel.

Als die Teschen dieser weichen mußte, lebte sie von den Einkünften der ihr 1704 überlassenen Herrschaft Hoyerswerda mit 20,000 Talern Rente und anderer Güter, die ihr August in der Lausitz angewiesen hatte, und machte ein großes Haus in Dresden, dergestalt, daß sie auch noch in ihren späteren Jahren immer einen bedeutenden Zirkel um sich versammelte. Im Jahre 1718 sah Loen sie achtundbreißigjährig und bemerkt, daß er auf ihrer Stirn kaum mehr eine Spur der Möglichkeit gesehen habe, daß sie so eine große Rolle an diesem galanten Hofe habe spielen können. Dennoch verheiratete sie sich noch einmal mit einem nachgeborenen Prinzen des Hauses Württemberg, der schon 1703 an den Dresdner Hof gekommen war, sie hier kennen gelernt hatte und in der sächsischen Armee diente. Dieser zweiunddreißigjährige tapfere Prinz Ludwig, Bruder des regierenden Herzogs Karl Alexander, heiratete im Jahre 1722 ganz insgeheim die reiche zweiundvierzigjährige Fürstin. Er trat später in kaiserliche Dienste und fiel in der Schlacht bei Guastalla 1734, seine Gemahlin starb erst 1743 zu Dresden, dreiundsechzig Jahre alt.

Der Sohn der Fürstin, der Chevalier de Saxe, starb als Malteserritter, Generalfeldmarschall und Gouverneur von Dresden im Jahre 1774 erst unter Friedrich August dem Gerechten. Der englische Gesandte Sir Charles Williams, der in den vierziger und fünfziger Jahren Gesandter in Dresden war, nennt ihn einen Mann, der gar nicht ohne Fähigkeiten und Kenntnisse sei, meint aber, er sei untätig und träge. Der Chevalier lebte von den bekannt gewordenen, natürlichen Söhnen König Augusts am längsten.

———————

Die dritte Hauptfavoritin Augusts und die mächtigste unter allen war Anna Constanze, Gräfin von Cosel, eine Dänin, geboren 1680, Tochter eines dänischen Obristen von Brockdorf aus Holstein. Als Kammerfräulein der Prinzessin von Holstein-Plön, Gemahlin des Erbprinzen von Braunschweig hatte sie bereits am braunschweigischen Hofe ihre heroische Natur sehen lassen; Prinz Ludwig Rudolf, der 1731 zur Regierung gelangte, wollte sie einst küssen; sie ließ ihm dafür eine derbe Ohrfeige zukommen. Nach dem Tode ihrer Prinzessin ging sie nach Holstein zurück. Hier heiratete sie 1699 Adolf Magnus von Hoym, der in Dresden Geheimer Rat war und später Kabinetts-Minister wurde. Er war damals neunundzwanzig, sie neunzehn Jahre alt. Als Augusts Hof im Jahre 1704 nach siebenjähriger Abwesenheit aus Polen zurückkam, rühmte, so wird erzählt, bei einem Bankett, dem der König beiwohnte, jeder von den Gästen die Schönheit seiner Geliebten, der Minister von Hoym die seiner Gemahlin. Der König — nach anderer Lesart der Statthalter Fürstenberg — bot ihm eine Wette an. Hoym brachte hierauf seine Gemahlin an den Hof. Der König erklärte sich auf der Stelle besiegt und besiegte nun sofort auch die junge, schöne Frau. Sie weigerte sich lange, dem König zu Willen zu sein; endlich kam ein Arrangement zustande. Lady Montague erzählt, als August zum erstenmal zur Frau von Hoym gekommen sei, habe er in einer Hand ein Hufeisen gehabt und es vor ihren Augen zerbrochen, in der andern einen Sack mit 100,000 Krontalern. Aber Frau von Hoym ließ sich ganz andere Bedingungen versprechen; der König mußte ihr 100,000 Taler jährlich zusagen, für immer der Verbindung mit der Fürstin von Teschen entsagen und durch einen eigenhändigen Kontrakt ihr die Versicherung geben, sie nach dem Tode seiner Gemahlin als Königin anzuerkennen und ebenfalls die mit ihr erzeugten Kinder als legitime Prinzen und Prinzessinnen von Sachsen zu behandeln. Frau von Hoym ward darauf von ihrem Gemahl geschieden.

Sie behauptete sich als „Frau des Königs", etwa acht Jahre lang in der höchsten, aufmerksamsten, hochachtungsvollsten Gunst des sonst so wankelmütigen August. Sie beherrschte ihn in diesen acht Jahren fast unumschränkt. Im Jahre 1706 ward sie auf seine Veranlassung von Kaiser Joseph I. zur Reichsgräfin von Cosel erhoben — nach einem Brockdorfischen Familiengute in Holstein —; in demselben Jahre erhielt auch die ganze Familie Brockdorf den deutschen Reichsgrafenstand.

Die Gräfin Cosel gehörte zu den seltenen Schönheiten, die sich bis ins hohe Alter erhalten. Sie hatte große, schwarze, lebhafte Augen, einen sehr reinen weißen Teint, einen sehr schönen Mund mit kleinen Zähnen und eine sehr fein gebildete Nase. Ihre Gestalt war hoch und schlank, ihre Formen voll, schwellend, fast üppig. Obgleich ihre ganze Erscheinung mehr den Ausdruck des Großen und Erhabenen einer heroischen Natur hatte, zeigte sie dabei, was so selten vorkommt, dennoch noch den Liebreiz der weiblichen Anmut und vereinigte so zwei sich ganz zu widersprechen scheinende Individualitäten. Das Feuer ihrer berühmten schwarzen Augen soll gleichsam strahlend, und ihr Umgang bezaubernd gewesen sein.

Die Gräfin Cosel beherrschte den König nicht bloß durch das Übergewicht ihrer Schönheit, sondern auch durch das ihres Geistes. Sie war ein höchst energischer Charakter.

Die Gräfin Cosel war ihrem königlichen Herrn in jeder Beziehung teuer. Nach Harthausen erhielt Hoym für die Abtretung 50,000 Taler. Sie selbst bezog außer dem Jahrgehalt von 100,000 Talern bedeutende Geschenke. August hatte ihr schon 1705 das Lustschloß Pillnitz geschenkt. Im Jahre 1706, als er ganz aus Polen zurückkam, ließ er ihr neben dem Dresdner Schlosse eine fürstliche Wohnung einrichten; diese war in höchster Pracht und Üppigkeit der Zimmer nach den vier Jahreszeiten angelegt, und die Möbel darin kosteten allein 200,000 Taler. Nach des Königs Wunsch hielt sie hier einen sehr animierten Hof: ihre Gesellschaften gehörten zu den glänzendsten und zahlreichsten in Dresden.

Die Cosel kostete nach Loen „so viel, als eine Armee zu unterhalten. Unsägliche Summen gingen darauf, um die Hochachtung zu zeigen, welche der König für dieses Weib hatte". Ihr Einfluß auf August war fast allmächtig. Sie drang einmal sogar darauf, einen Geistlichen an der Kreuzkirche exemplarisch zu bestrafen, weil er eine ziemlich deutliche Anspielung auf sie, als die Bethsabe Sach-

sens, gewagt habe. Der König aber meinte, daß die Prediger alle
Wochen einmal eine Stunde und einen Ort hätten, wo sie sagen
könnten, was sie wollten; sollte sich ein Prediger außer dieser
Stunde und außer diesem Orte beikommen lassen, unziemende
Worte gegen sie fallen zu lassen, so werde er ihn sofort festnehmen
lassen; — „allein die lutherische Kanzel“, fügte er scherzend hinzu,
„ist schon zu hoch für den Papst, um wieviel mehr also für mich,
ein bloßes Weltkind.“

Die Eifersucht und noch mehr die Herrschsucht der Gräfin
Cosel kannten keine Grenzen. Zu der Eifersucht gab der König
allerdings reichlichen Anlaß, da er fortwährend eine Menge Neben-
liaisons ganz heimlich unterhielt. Der Ehrgeiz der Gräfin fand
durch die Huldigungen Nahrung, die ihr Einheimische und Fremde
brachten. Bei Hof wurden ihr die höchsten Ehren erwiesen, selbst
von fremden Souveränen. Als im Jahre 1709 der große Götter-
aufzug in Anwesenheit ihres ehemaligen Landesherrn, des Königs
von Dänemark stattfand, wo dieser den Jupiter, August den Apollo
darstellte, erschien die Gräfin Cosel als Diana mit ihrem Nymphen-
chor und einer Musikbande in einem prächtigen Triumphwagen.
Die Königin dagegen figurierte als bescheidene Vestalin im Tempel
der Vesta. Bei einem Damenringelrennen, das zu derselben Zeit
gegeben wurde, und das die Königin nur mit ansah, ward die
Gräfin vom Dänenkönig geführt, August war ihr Assistent zur
Rechten, ein Kammerherr zur Linken.

Bis zum Jahre 1712 gebar die Gräfin Cosel dem König drei
Kinder, zwei Töchter bis zum Jahre 1709 und noch 1712 einen
Sohn. Drastisch drückt sich Förster bei Erwähnung ihrer ersten
Niederkunft aus: „Aus seinem Königreiche Polen verjagt, kehrte
August auf einige Zeit nach Dresden zurück; anstatt aber mit
dem Degen in seiner berühmten starken Faust die Schweden zurück-
zuschlagen, saß er gelassen an dem Wochenbette der Gräfin Cosel,
die ihm mit einer Tochter beschenkt hatte.“ Nun aber ward der
König in Polen veranlaßt, eine neue Maîtresse en titre zu nehmen,
und zwar eine Polin; Flemming führte ihm diese in der Person
der Gräfin Maria Dönhoff, gebornen Bielinska, zu. Die Gräfin
Cosel war aber gar nicht geneigt, ohne weiteres einer Nebenbuhlerin das Feld zu räumen. Sie hatte die Ehe verschreibung
des Königs in den Händen und rühmte sich ihrer laut. Der König
machte zwar einen Versuch, sie von ihr zurückzuerbitten; sie gab

aber die desperate Erklärung, sie werde ihm (dem Könige) eine Kugel vor den Kopf schießen.

Vehses Darstellung wird nun bei Schilderung des Sturzes der Gräfin Cosel ziemlich verworren und besonders breit, weil er eine ganze Reihe umfängliche Zitate aus Harthausens Memoiren anführt. (Harthausen war nämlich der Cosel sehr befreundet und suchte ihr behilflich zu sein, soweit er sich nicht selber damit schadete.)

Daher mag hier eine andere, kürzere Schilderung folgen, die sich der unlängst erschienenen Darstellung von Friedrich Regens= berg*) anschließt:

Die Ursache zum Sturze der Cosel war für die vielgeschmähte Frau ehrenvoll. Diese hatte schon längst die Minister und Höflinge des Königs durchschaut, die hauptsächlich den Zweck verfolgten, ihre eigenen Taschen zu füllen und den König von den Regierungs= geschäften abzulenken; außerdem veranlaßten sie ihn zu politisch unklugen Maßnahmen. Die Gräfin, die den König ohne Zweifel wirklich liebte, warnte ihn mitunter und suchte sich auch anderen Einfluß auf die Politik zu verschaffen. Glühender Haß ihrer Gegner, insbesondere des Generalfeldmarschalls und Kabinettsministers= Grafen Flemming und des Oberhofmarschalls Grafen Vitzthum, suchte sie aus der Gunst Augusts zu verdrängen. Dies gelang aber nicht, „solange die Gräfin in Person um den König war. . . . Sie selbst war sich ihrer Macht über den Monarchen so bewußt, daß sie äußerte, vierundzwanzig Stunden ihrer Gegenwart würden ge= nügen, um alles, was ihre Feinde in einem Jahre gegen sie gebaut, wieder über den Haufen zu werfen.“ In Polen, wohin ihm die Cosel damals nicht gefolgt war, sorgten im Winter 1712 zu 1713 Flemming und Vitzthum dafür, daß der König eine neue Liebschaft fand, die mit der Gräfin Dönhoff nämlich.

Die Cosel erfuhr im Sommer des folgenden Jahres, was in Warschau vorging, und beeilte sich, Dresden zu verlassen, um den König aufzusuchen. Ihre Gegner wußten aber mit Hilfe der Gräfin v. Dönhoff August den Starken zu veranlassen, die Cosel, bevor sie Warschau erreichte, zur Rück= kehr nach Dresden zu zwingen. Ein Kommando von Garbisten unter Niko= laus v. Montargon und dem Obersten be la Hay wurde ihr entgegen-

---

*) „Eine Favoritin des starken August“ in Heft 2, 1907, von „Der Geschichtsfreund“, verlegt vom Verein der Geschichts= freunde, zu haben bei der Geschäftsstelle: Francth'sche Verlagshandlung, Stuttgart.

gesandt und traf mit ihr in dem kleinen polnischen Städtchen Widowo zusammen. Nach einer zuerst sehr heftigen Szene ließ sie sich schließlich bewegen, sich nach der sächsischen Residenz zurückzubegeben, und damit war ihr Schicksal entschieden.

Der König gedachte im Dezember 1713 gleichfalls nach Dresden zurückzukehren, und die Gegner der Gräfin bearbeiteten ihn nun schleunigst weiter, damit er sie dort nicht etwa noch vorfände. August ließ ihr auch wirklich durch Flemming eröffnen, daß sie Dresden verlassen und sich nach Pillnitz zurückziehen solle. Am 30. November schrieb sie an ihre Mutter: „Der König ist sehr zu beklagen, er ist in üblen Händen, von Leuten, die nur ihre Fortune machen wollen, umgeben. Ich bin vielleicht die einzige, die es recht zu Herzen nimmt, weil ich ihn mehr geliebt habe als meine Seele und ihn auch in Ewigkeit nicht vergessen werde."

Noch hatte sie ihr Palais am Taschenberge nicht geräumt, als am 13. Dezember von Warschau der Befehl eintraf, den vom königlichen Schlosse über das Ballhaus dorthin führenden Gang abzubrechen und die Wachen vor dem Palais einzuziehen. Erst in letzter Stunde vor der Ankunft des Königs und der Gräfin Dönhoff verließ sie, nach heftigem Drängen ihrer Gegner, am 23. Dezember Dresden und ging nach Pillnitz.

Am 12. Dezember 1715 verließ die Gräfin, „ohne jemandem ein Wort zu sagen", wie es bei Vehse heißt, dessen Schilderung hier wieder einschwenken kann, Pillnitz, wo sie sich gefährdet glaubte, und begab sich mit „einem Teile ihrer Schätze" nach Berlin, wo ihr Friedrich Wilhelm I. seinen Schutz zusicherte. Dies beunruhigte die sächsischen Minister höchlichst, zumal sich die Gräfin nach anderthalbjährigem dortigen Aufenthalte sicher fühlte und sich „aufs rücksichtsloseste gegen den König auszusprechen" begann. In Dresden versah man sich deshalb von ihr auch des Verrats politischer Geheimnisse. Man beantragte und erreichte daher die Auslieferung. Diese erfolgte am 22. November 1716 von Halle aus, wo sich die Cosel während der Leipziger Michaelismesse aufhielt, durch preußische Soldaten.

Auf Augusts Befehl brachte man die Gräfin, weil sie sich weigerte, seinen Bedingungen: Auslieferung des Eheversprechens und ständiger Aufenthalt in Pillnitz nachzukommen, erst auf das Schloß zu Nossen, dann auf das feste Bergschloß Stolpen im südöstlichen Teile der Meißner Erblande. Hier hatte man ihr in den runden Behältnissen des Johannis-, dann nach ihr genannten Coselturms einige Zimmer eingerichtet. Es war gerade der erste Weihnachtsfeiertag 1716, als sie hier ankam — sie fiel in Ohnmacht und hatte periodische Anwandlungen von lauter Wut und dann wieder von stillem Wahnsinn. Sie war sechsunddreißig

Jahre alt und noch in der vollen Blüte ihrer großen Schönheit. Vor acht Jahren, 1708, war sie schon einmal in Stolpen gewesen, aber unter glücklicheren Sternen, um mit dem König hier im Tiergarten zu jagen. Sie schrieb jetzt zahllose Briefe an den König, die ungelesen verbrannt wurden. Wie früher ihre Liebe, war jetzt ihr Haß gegen August, der sie so ganz verlassen hatte, unbegrenzt.

„Sobald die Cosel in ihrem Schlosse war," berichtet Hart-hausen, „suchte man alle ihre Habseligkeiten auf, Löwendahl ent-deckte deren viele; der König nahm alles weg, indem er sagte, daß es geschehe, um diese großen Summen, Edelsteine usw. ihren Kindern zu erhalten und um zu verhindern, daß sie diese Reich-tümer nicht zu anderen Zwecken gebrauche. Man hat mit der Zeit alles ausfindig gemacht; der König setzte eine Kommission nieder, um die Administration des Vermögens zu führen. Der Gräfin ließ man ungefähr 3000 Taler jährlich. Sie hat sich einmal durch die Flucht retten wollen, mit Hilfe eines Kapitäns, der deshalb den Kopf einbüßte." Dieser Fluchtversuch scheint noch einmal wiederholt worden zu sein; anderwärts berichtet man, daß sie und zwar im achten Jahre nach ihrer Ankunft in Stolpen 1724 mit Hilfe eines Leutnants Helm habe entweichen wollen, der sich für sie enthusiasmiert hatte. Der Plan ward nochmals entdeckt, Helm sollte erschossen werden, erhielt aber noch auf dem Neumarkt zu Dresden, wo die Exekution vor sich gehen sollte, Pardon.

Im elften Jahre ihrer Gefangenschaft, 1727, kam der König selbst nach Stolpen, um die Wirkung der Kartaunenkugeln auf Basaltköpfe zu beobachten; die Gräfin Cosel redete ihn vom Fenster herab an, er grüßte sie leicht mit dem Hute, blieb stumm und sprengte davon.*) Ihr Haß war wieder der früheren schwär-merischen Liebe gewichen.

Bei der Nachricht von Augusts Tode zerfloß sie in Tränen und legte Witwenkleider**) an. Weder Versprechungen noch Dro-hungen hatten ihr das Eheversprechen entreißen können.

---

*) Das Mittagessen beim Kommandanten bestellte er ab. Viel-leicht hat sich beim Anblick der Gräfin sein Gewissen gemeldet.

**) Sie hatte sich eben stets als Augusts Gattin betrachtet. Hart-hausen weiß zu berichten, sie habe ihm einmal auf seine Warnungen vor der Untreue des Königs und dem Einflusse ihrer Gegner auf diesen zur Antwort gegeben: „Ich habe drei Kinder von ihm!" und auf seinen

Sie hatte sich allmählich einigermaßen in ihre Lage gefunden: sie studierte in den Büchern ihrer Bibliothek, trieb hauptsächlich Orientalia und ganz besonders jüdische Literatur, hatte sich auf die Kabbala gelegt. Außerdem bebaute sie noch einen kleinen Garten und verkehrte viel mit Juden, die sehr häufig bei ihr aus- und eingingen und mit denen sie auch einen lebhaften Handel trieb. Sie mußten ihr unter andern die ungalanten, garstigen, derben Spottmünzen auflaufen, die der König auf sie hatte schlagen lassen. Ebenso sorgfältig sammelte sie die Münzen mit ihrem und des Königs Wappen, die August in der Glückszeit einst auf ihr bringendstes Bitten in sehr geringer Anzahl hatte prägen lassen; nach ihrem Tode fanden sich vierzig sogenannte Coselsche Speziestaler und Guldenstücke im Polster ihres Leibstuhls.

Noch im Gefängnis behielt die Gräfin Cosel ihren ganzen Favoritsultaninnenstolz, redete jeden, der sie besuchte, selbst den Ortsprediger und Amtmann mit „Du" an und ließ vornehmen, selbst fürstlichen Personen, die nach Stolpen kamen, ihren „gnädigen Gruß" vermelden. Nach den siebzehn Jahren Gefängnis während Augusts Lebzeiten erlebte die Gräfin noch in Stolpen das ganze Regiment des Premierministers Brühl, die beiden schlesischen und den ganzen siebenjährigen Krieg. Regelmäßig während des Kriegs ließ Friedrich der Große der Gräfin ihre Pension zahlen — aber in Ephraimiten. Die Gräfin benagelte mit diesen schlechten Münzen ihre Zimmer, aus Ärger.

Dem Prinzen von Ligne, der sie im Jahre 1762 besuchte, teilte die Gräfin mit, daß sie sich damit beschäftigt habe, alle Religionen zu studieren, und zuletzt habe sie sich für die jüdische entschieden. Ihrem Bekenntnis nach war sie Protestantin und blieb es auch äußerlich mit ihren Kindern, wie auch die Gräfin Königsmark und der Marschall von Sachsen.

Die Neigung zu den erwähnten Studien scheint die Gräfin Cosel schon zur Zeit ihres Glücks betätigt zu haben. Einer der gelehrtesten Orientalisten ihrer Zeit, Superintendent Bodenschatz in dem baireuthischen Städtchen Bayersdorf, erhielt einst, so berichtet Behse, als er noch Pfarrer in Uttenreuth war, einen Brief mit zwanzig Reichstalern, worin ihm ein angeblicher Borromäus Lobgesang aus Bischofswerda Auftrag erteilte, ihm die Pirke Aboth aus dem Rabbinischen zu übersetzen. Er besorgte das in wenig Tagen und erhielt darauf sechs Dukaten Honorar nebst vielem Danke. Darauf wurden ihm noch mehrere hebräische Traktate zur Übersetzung zugesendet, und er erhielt jeden Bogen mit einem Louisd'or honoriert. Bodenschatz war angewiesen, seine Briefe nach Dresden zu adressieren. Endlich

Einwurf, die Königsmark und die Teschen auch je eins, ausgerufen: „Schweigen Sie, das waren seine Mätressen; ich bin seine Frau!" (Taisez-vous, c'étoient ses maîtresses, je suis sa femme!) — Die auch von Behse aufgenommene Angabe, die Cosel habe nach Augusts Ableben ihre Freiheit erhalten, sei aber freiwillig in ihrem Turme geblieben, ist irrig. Im Dresdner Archiv befinden sich von ihr eigenhändig geschriebene Gesuche um Freilassung aus späterer Zeit, darunter aus ihren letzten Lebensjahren datierte. (A.)

kam einmal eine Einladung von dem unbekannten Korrespondenten, persönliche Bekanntschaft in Dresben*) zu machen, das Reisegeld werde erstattet werden. Bodenschatz traf ben unbekannten Korrespondenten in Dresben; dieser trat ihm in vollem Ornate des jüdischen Hohenpriesters im Alten Testamente entgegen. Es war die Gräfin Cosel. Bodenschatz erkannte sogleich das Gesicht einer Dame unter der Mitra. Sie empfing den gelehrten Herrn nun öfters, erwies ihm alle mögliche Auszeichnung und begehrte fortwährend genaue Aufschlüsse über Stellen im Talmud, jüdische Gebetbücher und andere rabbinische Dinge. Er sollte die Stadtpfarrstelle in Stolpen erhalten, die Gräfin hatte beshalb bei dem Vater ihrer Schwiegertochter Schritte getan, dem Grafen Holzendorf, dem allezeit willfährigen Oberkonsistorialpräsidenten; die Sache kam nur deshalb nicht zur Ausführung, weil Bodenschatz von seinem eignen Landesherrn, dem Markgrafen von Baireuth, befördert wurde. Als die Gräfin „allerlei Dinge aufs Tapet brachte, die gegen die Lehre Christi und seine heilige Person gerichtet waren", zog sich der geistliche Herr von der Gräfin zurück; seine Frau, der er das Mysterium von der obgleich sechzigjährigen, aber noch immer sehr schönen Oberpriesterin mitgeteilt hatte, war unruhig oder vielmehr eifersüchtig geworden; sie fürchtete, ihr gelehrter Eheherr könne verführt werden.

Die Gräfin Cosel starb nach fast fünfzigjährigem Aufenthalt in Stolpen, am 2. April 1765, fünfunbachtzig Jahre alt, unter der vierten Regierung, die sie erlebte, unter Kurfürst Friedrich August III. Noch die Leiche dieses Opfers grausamer Willkür und skrupelloser Kabinettsjustiz trug, den Angaben von Augenzeugen zufolge, die deutlichsten Spuren der Schönheit und des Heroismus. Ihr Vermögen war bedeutend; alle ihre drei Kinder wurden sehr kostbar von ihr ausgestattet.

Ihr und des Königs S o h n Graf Friedrich August Cosel, geboren 1712, wurde General der Kavallerie und Chef der Garde du Corps und war Herr auf Sabor an der Ober bei Grünberg in Niederschlesien. Er baute das berühmte Coselsche Palais an der Frauenkirche in Dresden und starb schon fünf Jahre nach seiner Mutter 1770. Mit seinem Sohne Gustav Ernst, der preußischer Leutnant war und 1789 zu Dresden starb, erlosch das Geschlecht wieder.

Außer diesem Sohne hinterließ die Gräfin Cosel noch zwei mit dem König erzeugte T ö c h t e r. Die ältere Augusta Constantia, geboren 1706, ward im Jahre 1725 mit dem Oberfalkenier Grafen Friesen, der 1726 Oberkammerherr ward, verheiratet und starb schon 1728.

Die jüngere Tochter Friederike, geboren 1709, heiratete 1730 den polnischen Hofschatzmeister Grafen Anton Moszinsky. Bei dieser Ver-

---

*) Ober soll es hier und im nächsten Satz „Stolpen" heißen? Die Eifersucht der Frau Bodenschatz auf die „sechzigjährige . . . Oberpriesterin", wovon weiterhin die Rede ist, und die Bemühungen der Cosel, dem Geistlichen die Stolpener Stelle zu verschaffen, lassen angesichts der zweimaligen Angabe Dresden die Schilderung, die nach Behse auf Mitteilungen Bodenschatz' beruht, recht verworren erscheinen. (A.)

mählung, die im Palais der Gräfin Orselska gefeiert wurde, erschien König
Friedrich Wilhelm I. von Preußen inkognito. Der Graf starb schon 1737,
die Gräfin überlebte ihn fast noch fünfzig Jahre; sie war unter Brühl, den
sie beherrschte, die allmächtige Gebieterin Sachsens, ähnelte darin also
einigermaßen ihrer Mutter.

Noch während die Gräfin Cosel in größter Gunst war, hatte
August während des Feldzugs am Rhein gegen die Franzosen im
Jahre 1709 eine Liaison mit der Brüsseler Tänzerin Duparc
begonnen; er schenkte ihr zunächst einen Theateranzug, aber die
Taschen waren mit Diamanten gefüllt; sie erhielt, um nach Dresden
zu kommen, hundert Dukaten Reisekosten. August empfing sie wie
eine Königin, stellte ihr ein Hotel, prächtige Equipagen und große
Summen zur Verfügung und brachte trotz strengsten Verbots durch
die Gräfin Cosel seine Abende längere Zeit hindurch fast stets
in Gesellschaft der Duparc und anderer Tänzerinnen zu. Damals
war der Operndirektor von Murdachs die einflußreichste Person
im Staate.

Die Dame, die die Gräfin Cosel als Maîtresse en titre er-
setzte, war Gräfin Marie Dönhoff, die Tochter des sehr einflußreichen polnischen Krongroßmarschalls Bielinsky. Sie ward,
wie die Lubomirska und Cosel, von ihrem Gemahl, dem Grafen
Dönhoff, geschieden, der litauischer Oberkammerherr und Generalleutnant der Kronarmee war.

Um die Macht der Gräfin Cosel zu brechen, sorgten Flemming
und Vitzthum dafür, daß Augusts Wahl auf diese gänzlich von
ihnen abhängige Dame fiel. Sie überredeten ihn trotz seines
Sträubens; sein erstes und einziges Bedenken war die — Furcht
vor der Cosel. Vitzthum hatte einen diplomatischen Beweggrund
der — Staatsräson ins Treffen zu führen gewußt: „Da Ew.
Majestät einen gedoppelten Hofstaat haben, so ist es unerläßlich,
auch zwei Mätressen zu haben; auf diese Weise werden Sie beide
Nationen zufriedenstellen. Gegenwärtig beklagen sich die Polen
laut darüber, daß Sie eine sächsische Mätresse haben; verlassen
Sie diese, so werden die Sachsen schreien, demnach ist es das
beste, Sie nehmen zu der sächsischen auch eine polnische an, damit
beide Nationen zufriedengestellt werden."

Die Dönhoff hatte weder die Schönheit noch den Geist der
Cosel, aber sie war munter und lebhaft, immer aufgeräumt und
voll guter Einfälle und dem König außerordentlich ergeben; das
verstieg sich so weit, daß sie, um nur ihren geliebten Herrn zu
vergnügen, ihm sogar ihre gute Freundin, die litauische Kron-
feldherrin Pożły, zuführte.

Diese Pożły — „très fameuse pour son libertinage" (sehr
berüchtigt durch ihre Liederlichkeit) nennt sie 1728 die Markgräfin
von Baireuth in ihren Memoiren — war eine kleine, zarte Person, hatte aber, wie Loen berichtet, Mut für zehn Männer;
sie flog, wenn sie zu Pferde saß, sie soll einmal mit ihrem Geliebten, dem Grafen Friesen, Post von Warschau nach Danzig und
von Danzig nach Dresden geritten sein.

Wie die Dönhoff nicht eifersüchtig war, war sie auch nicht
herrschsüchtig, wie die Cosel. Dagegen, behauptet Pöllnitz, sei
sie die Geliebte gewesen, die, obgleich sie der König vielleicht am
wenigsten liebte, ihm am höchsten zu stehen gekommen sei.

Der Dönhoff Herrschaft dauerte nicht lange; im Jahre 1719 verheiratete
sie sich in zweiter Ehe mit dem Fürsten Georg Lubomirsky, polnischen Kron-
großfähnrich und sächsischen General, einem Sohn der älteren Schwester der
Fürstin von Teschen, und starb im Jahre 1730.

Nun folgten eine Reihe unbedeutende und flüchtige, meist auf der
Leipziger Messe gemachte Bekanntschaften, unter denen Fräulein Dieskau
und Fräulein Osterhausen als die unmittelbaren Nachfolgerinnen der Dönhoff zu nennen sind.

Fräulein Erdmute Sophie von Dieskau war die Tochter des
sächsischen Geheimen Rats Geisler von Dieskau auf Zscheplin. Ihre Mutter
rüstete ihr selbst das „Brautbett"! Die Dieskau wird als eine von An-
gesicht und Gestalt prächtig schöne, aber weder mit Geist, noch Lebhaftigkeit ausgestattete Dame geschildert: der König nannte sie „einen Schnee-
ballen, der in der Hand zerschmilzt, ohne daß man sich daran wärmen kann".
Sie heiratete später, 1721, dreiundzwanzigjährig, den Hofmarschall Johann
Adolf von Loß, der später Oberstallmeister, Gesandter in Paris, Kabinetts-
minister und erster Graf seines Geschlechts ward.

Fräulein Henriette von Osterhausen war durch Bescheidenheit,
ein höchst einschmeichelndes Wesen und eine unbegrenzte Ergebenheit in
alles das, was der König mit ihr machen wollte, ausgezeichnet; sie ließ sich
sogar katholisch machen. Als die stolze Erzherzogin Josephine als Gemahlin
des königlichen Kurprinzen 1719 nach Dresden kam, verschaffte sie, daß
die Osterhausen in ein Kloster nach Prag entfernt wurde. Von hier entführte sie nach drei Monaten ein Pole, ein Herr von Stanislawsky, nach

Polen; sie ward vom König, als sie auf dieser Reise durch Dresden ging, noch reich beschenkt.

___

Die sechste Hauptfavoritin König Augusts des Starken war die merkwürdigste von allen. Es war die Gräfin Anna Orselska. Das Verhältnis Augusts zu dieser Dame war allerdings nicht nur ein unehrbares, sondern sogar ein unnatürliches Verhältnis. Es gibt einen Maßstab ab, in welchem ausschweifenden Grade sich Machthaber des achtzehnten Jahrhunderts, des demoralisiertesten Jahrhunderts der ganzen christlichen Zeitperiode, über die nicht bloß bürgerliche, sondern auch natürliche Sitte wegsetzten. Gegen das Extrem einer theologischen, übertrieben aszetisch-tristen Geistesrichtung, die im Verlaufe der Reformation sich festgesetzt hatte, stellte der Gegensatz sich jetzt in einer Libertinage dar, die alle religiöse, alle sittliche, ja selbst, wie gesagt, alle ganz natürliche Gewissenhaftigkeit von sich wegstieß. Die Gräfin Orselska, welche August der Starke schon am sinkenden Abend seines von Lebensgenuß überfüllten Lebens zur Geliebten annahm, war seine eigene Tochter. Es wiederholte sich mit ihr das Verhältnis, in dem der Regent von Frankreich zu seiner leiblichen Tochter stand, der Herzogin von Berry.*)

Gräfin Anna Orselska war geboren im Jahre 1707. August hatte sie mit einer Französin, namens Henriette Renard erzeugt, gebürtig aus Lyon, deren Mann, ein Franzose Duval, sich in Warschau als Gast- und Weinwirt etabliert hatte.

___

*) Augusts Sohn, der spätere König und Kurfürst, ahmte dem Vater nach, wie wir aus einem Briefe des englischen Gesandten Sir Charles Hanbury Williams vom 27. August 1747 erfahren, wo es heißt: „Dann (nach der Mahlzeit) zieht sich der König in seine Gemächer zurück, entkleidet sich ganz und hüllt sich in seinen Schlafrock, in dem er den Rest des Tages zubringt. Niemand darf um diese Zeit zu ihm, als Graf Brühl, Pater Guarini und der Hofnarr. Es war für ihn ein großer Verlust, daß die Kurfürstin von Bayern (seine eheliche Tochter Maria Anna) heiratete; denn sie kam nachmittags oft zu ihm, und man überraschte sie zusammen in sehr unanständigen Stellungen. Die Königin wußte dies und war wütend darüber. Sie klagte es ihrem Beichtvater, aber der gute Jesuit sagte ihr, da sich die Dinge einmal so verhielten, so wäre es viel besser, daß die Neigungen des Königs in seiner Familie blieben, als daß er sie einer Fremden schenkte, die eine Lutheranerin sein und ihrer heiligen Religion Schaden tun könnte; und so gelang es diesem heiligen Kasuisten, die zornige Majestät zu besänftigen."

Die Markgräfin von Baireuth berichtet in ihren Memoiren, bei dem Besuche ihres Vaters und Bruders in Dresden zum Karneval 1728 sei dieser, Friedrich der Große, damals noch Kronprinz, troß der ungeheuern Eifersucht Augusts des Starken mit der Gräfin Orselska in ein ziemlich gutes Einverständnis gekommen. Die Markgräfin selbst sah die Orselska bei einem darauf noch in demselben Jahre vom sächsischen Hofe in Berlin abgestatteten Gegenbesuche. Am 31. Mai erschien sie bei der großen Generalrevue bei Tempelhof in Soldatentracht, einem Kleid von roter Seide mit Gold besetzt und mit dem weißen Adlerorden, zu Pferde. Kurze Zeit nachher verlautete, daß sie guter Hoffnung sei; das Kind, mit dem sie in Dresden niederkam, ward in Preußen bei dem französischen Richter Carrel zu Frankfurt an der Oder untergebracht. Die Markgräfin beschreibt die Orselska als eine Dame, die, ohne eine regelmäßige Schönheit zu sein, viel Einnehmendes gehabt habe, — „übrigens", setzt sie dann hinzu, „hat sie neben ihrem über fünfzigjährigen Vater alle ihre Brüder, deren es einen ganzen Schwarm gab, begünstigt."

Der Bevorzugteste dieser Brüder war der Graf Rutowsky. Er war es nämlich gewesen, der seine schöne und geistvolle Schwester, als sie der König noch nicht als seine Tochter anerkannt hatte und sie in Warschau sehr vernachlässigt lebte, dort einst dem Vater in der Uniform des großen Grenadierregiments von Potsdam, wie sie mehrmals im sogenannten Venustempel zu Pillniß abgebildet wurde, vorstellte. Damals entzückte sie den König derart, daß er sie als Mätresse behielt.

Die Gräfin Orselska soll nach Pöllniß ihrem Vater merkwürdig ähnlich gewesen sein, sowohl in den Zügen des Gesichts, als im Temperament und Charakter. Sie gehörte zu den entschiedensten Löwinnen des achtzehnten Jahrhunderts, ritt wie ein Tatar, tat im Trunke Bescheid und rauchte Tabak. Aus ihrem von der berühmten Rosalba Carriera gemalten Porträt in der Dresdner Gemäldegalerie kann man eins der durchlebtesten Gesichter, das vielleicht jemals existiert hat, nicht wohl verkennen.

Sie heiratete, breiundzwanzigjährig, am 10. August 1730 ben bei ber sächsischen Armee bienenden und katholisch gewordenen Prinzen Karl Ludwig von Holstein-Beck, einen Mann von sehr mittelmäßigen Eigenschaften. Sie besaß in Dresden das Flemmingsche Palais, das bis 1906 für die Landtagssitzungen benutzte alte Landhaus. Der König schenkte es ihr als Hochzeitsgabe, neueingerichtet zum Geburtstage, am 23. November 1730, es ward mit einem prächtigen, die ganze Nacht durch währenden Balle mit Illumination eingeweiht. Aus diesem Palais wurde, wie Hasche erzählt, 1731 ein Gang quer über die Schießgasse weg nach dem um die Festung gehenden schwarzen Gange, aus dem man ungesehen ins Schloß kommen konnte, erbaut. 80,000 Taler ließ der König der geliebten Orselska zum Hochzeitsgut zahlen und dazu schenkte er ihr noch bedeutende Güter, wie der Mercure historique berichtet, für 300,000 Taler in Böhmen, und im Testament erhielt sie eine Jahrrente von 8000 Talern nach seinem Tode. Die Ehe mit dem holsteinischen Herzog, der die Orselska nur geheiratet hatte, um dadurch seine Karriere zu machen, dauerte nur drei Jahre, sie ward schon 1733 nach des Königs Tode wieder geschieden; er lebte in Königsberg, sie in Venedig und Avignon. Sie starb 1769, zweiundsechzig Jahre alt. Ihr mit dem Herzog erzeugter Sohn Karl Friedrich starb 1772, vierzig Jahre alt, als kursächsischer Generalmajor.

Die Mutter der Gräfin Orselska war, als August nach der Schlacht bei Clissow aus Polen nach Sachsen flüchten mußte, von ihm mitgenommen worden — die Gräfin ward gerade in dem Jahre, wo die Schweden in Sachsen im Lager standen, geboren — und lebte nachher unter dem Namen Madame Renard in Rom.

Mit ihr war ihr Bruder nach Sachsen gekommen, der sofort in sächsische Militärdienste trat und schnell avancierte. Bei des Königs Tode war er Generalquartiermeister mit dem Rang zwischen Generalmajor und Obrist. Er wurde 1740 in den Reichsgrafenstand erhoben und starb 1746 in Dresden als General der Infanterie. Dieser Jean Baptiste Renard ist der Ahnherr der reichbegüterten Grafen Renard in Schlesien, die dort mit dem guten sächsischen Gelde ihr Glück machten, indem sie die große Herrschaft Großstrehlitz kauften.

Lady Montague schreibt in ihren Briefen von 1718, daß die Damen in Sachsen im Ehrenpunkt damals nicht sehr skrupulös gewesen seien. Sie sagt von ihnen ferner: „Sie sind sehr gut nach der englischen und französischen Mode gekleidet und haben im allgemeinen hübsche Gesichter, aber sie sind die entschiedensten Zieräffinnen in der ganzen Welt. Sie glauben, es sei eine Todsünde gegen die gute Sitte, wenn sie jemals auf natürliche Weise sprechen oder sich bewegen. Sie affektieren alle ein artiges, sanftes Lispeln und ein unglückseliges, niedliches Trippeln."

Loen bezeugt, daß damals das Sprichwort eine Wahrheit gewesen sei: „In Sachsen, wo die schönen Mädchen wachsen", indem er sagt: „Der Hof zu Dresden war der prächtigste und galanteste der Welt. Das sächsische Blut ist das schönste in Deutschland: es ist feuriger, zärtlicher und verbuhlter als dasjenige seiner Nachbarn. Bei Hof, bei den Damen und im Umgang überhaupt gibt es keine artigeren Leute als die Sachsen. Das Frauenzimmer, und darunter vorzüglich das meißnische, hat etwas überaus Holdseliges und Liebreizendes. Hier findet man die besten Sprachmeisterinnen der Deutschen, und der liebliche Klang ihrer Stimme macht auch unsre sonst rauhen Töne zärtlich und angenehm. Das sächsische Frauenzimmer übertrifft noch die Engländerinnen an Wuchs und Schönheit. Es hat die Freiheit der Französinnen und das Feuer der Italienerinnen; in dem schmeichelhaften und zärtlichen Wesen aber geht es allen vor. Es hat dem Ansehen nach etwas sehr Sittsames und Unschuldiges; es schlägt aber die Augen insgemein nur deswegen nieder, um mit einem geschärften Blick desto mehr Unheil anzurichten."

Am stärksten drückt sich Wolfframsdorff aus: „Die sächsischen Damen machen ihren Fürsten keine Ehre, wenn sie von ihnen zu Mätressen gewählt werden: ihre Gesinnung ist zu niedrig und ihr Geist zu unbedeutend, sie erwecken kein Ehrgefühl, sondern reißen nur zur Ausschweifung fort. Es gibt eine eigne Klasse Leute bei Hofe, die, da sie aus eignen Mitteln nicht leben können, ihre Frauen dem Vergnügen des Königs opfern, um sich in seiner Gunst zu erhalten." Wolfframsdorff rät dem Könige, mit diesen Damen so zu verfahren: „leur donner un coup de pied, après s'en être servi" (sich ihrer zu bedienen und ihnen einen Tritt zu geben).

Der Festungsprediger Hasche, der Geschichtschreiber Dresdens, hat sich die nicht sehr theologische Mühe gegeben, sein Gutachten über die Kosten der verschiedenen Geliebten Augusts abzugeben, die eine Schrift, die er nicht nennt, auf zwanzig Millionen Taler berechnet — er glaubt, daß diese Summe nicht zu hoch gegriffen ist.

Achtes Kapitel.

Augusts bleibende Verdienste um Sachsen — Seine Bauten und Kunstsammlungen — Das japanische Palais — Landhaus — Neustädter Hauptwache — Augusts Reiterstandbild — Der Zwinger — Die Augustusbrücke —
1500 Marmorbilder im „großen Garten" — Frauenkirche — Aus- und
Umbauten von Moritzburg und Pillnitz — Die „unüberwindliche" Festung
Königstein — Antikensammlung — Gemäldegalerie — Kupferstichkabinett
— „Grünes Gewölbe" — Malerakademie — Musikalische Kapelle — Das
Leipziger Rosental — Die Meißner Porzellanmanufaktur — Böttiger,
der angebliche Goldmacher und durch Zufall Erfinder des Meißner Porzellans — Seine Lebensschicksale — Tschirnhausen — Augusts hohe Meinung
von Böttiger.

„Aller Glanz und alle Pracht, mit der August der Starke
seinen reichen Hof umgab, hat ihm nur einen sehr ephemeren
Ruhm sichern können," schreibt Vehse, „und die öffentliche Meinung hat später streng über die Verschwendungen gerichtet, mit
denen jene Herrlichkeit erkauft wurde. Die Schöpfungen dagegen,
die Augusts Namen noch heutzutage im Angedenken der Welt
lebendig erhalten, sind seine Bauten, und ganz besonders die
Kunstschätze, die er zusammengebracht hat. In diesen Schöpfungen bewährte sich jene freiere Bildung und jener feinere Geschmack, der dem öffentlichen Geiste in Sachsen eine ganz neue
Richtung gegeben hat. Schon Lady Montague, die Dresden auf
ihren Reisen im Jahre 1716 sah, bezeugt, daß hier eine Atmosphäre von Höflichkeit und Bildung ihr entgegengekommen sei wie
nirgendwo anders in Deutschland. August hat die Keime zu
dem gelegt, worin Sachsen heutzutage ein den Fremden so wertes
und gesuchtes Land und seine Hauptstadt ein erster Platz in
Deutschland für die gesamte gebildete Welt geworden ist."

Dresden war bis zu Augusts Zeit in der Tat eine Stadt von hölzernen
Häusern, er hinterließ sie, wenn auch nicht, wie der Geschichtsschreiber Sueton
von dem römischen Kaiser Augustus in Bezug auf Rom sagt, in Marmor, —
aber doch mit steinernen Häusern und bedeutend verschönert und erweitert.
1708 gebot August durch ein Reskript, steinern zu bauen oder die Häuser
zu verkaufen. Den Anfang der Bauten machte ein neues Rathaus auf dem
Altmarkt. August selbst, seine und seines Sohnes Günstlinge Flemming,
Vitzthum, Wackerbarth, Sullowsky u. a. führten die ersten Prachtgebäude
in Dresden auf, nachdem schon sein Großvater mit dem schönen Palais
im großen Garten den Anfang gemacht hatte.

Das japanische Palais oder, wie es ursprünglich hieß, das holländische Palais, das Flemming erbaute, kaufte der König 1717 um eine Tonne Goldes und ließ es dann „auf japanische Art" umbauen. Dieses Palais, dem gerade gegenüber er noch ein anderes im Ostragehege erbauen wollte, war bis 1786, wo es die Bibliothek aufnahm, Sommerpalais. Der Architekt war der als Erbauer des schönen Zeughauses in Berlin berühmt gewordene Franzose Johann de Bodt, der 1745 zu Dresden als Direktor aller Zivil- und Militärgebäude starb.

Oben war bereits eines zweiten Flemmingschen Palais gedacht, des heutigen alten Landhauses, das August erst Wackerbarth, dann der Orselska schenkte. Nachdem es 1760 bei dem preußischen Bombardement abgebrannt und 1774 vom Oberlandbaumeister Krubsacius wieder aufgebaut worden war, diente es bis 1906 als Versammlungsraum der Landtage.

Im Jahre 1732 erbaute der Gouverneur Wackerbarth das sogenannte Pyramidengebäude, bestimmt, eine siebenzig Ellen hohe Pyramide zu tragen, die aber nicht zur Ausführung gelangt ist. Es ist die heutige Hauptwache in Neustadt-Dresden. Der Architekt war ein Franzose und Schüler de Bodts, Zacharias Longelune, ebenfalls aus Paris, der 1748 sehr alt und sehr reich als Oberlandbaumeister in Dresden starb. Von ihm ist auch das Monument zur Reiterstatue Augusts in der Neustädter Allee, die der Obristleutnant Wiedemann modelliert und gegossen hat.

Augusts Hauptbau ist der schöne Zwinger, der vom Jahre 1711 an mit allen seinen Pavillons und Flügelgebäuden, mit den Kaskaden, Springbrunnen, Grotten, Bädern usw. aufgeführt wurde. Seine Bestimmung war zunächst, an und in ihm ein großes Orangerieparterre zu haben, und die Gebäude sollten weiter nichts sein als Galerien, Speisesäle, Kabinette und Spielzimmer. Er sollte im Stile der damaligen mythologisch-allegorischen Richtung in der Hofbaukunst eine Nachahmung der Hesperiden-Gärten sein, zu Ehren des „neuen Herkules" der Zeit, der die Früchte daraus entführt hatte; daher sieht man die Statue des Atlas, der die Hesperiden-Gärten bekanntlich bewachte, mit der Weltkugel auf den Hauptpavillons, und Herkules' Statue erscheint bald als Held und Überwinder der Nationen, bald als Beschützer der Musen, die Masken der Flora und Diana figurieren als Aufseherinnen der Blumen und Bäume. Es diente dieser Zwinger seitdem zu den öffentlichen Festen, den Maskeraden, Nationenjahrmärkten, Karussellen und dergleichen.

Der Zwinger sollte übrigens nur den Vorhof zu einem neuen königlichen Schloß, das August zu bauen beabsichtigte, bilden. Dieses Schloß sollte mit der Front bis an die Elbe vorgerückt werden; der König hatte nach Pöllnitz acht Millionen dazu bestimmt; de Bodt sollte den Bau leiten. August ward vom Tode überrascht, ehe der Bau ins Werk gesetzt wurde. Die Orangerie, die den Zwinger in der Sommerzeit schmückt, rührt von einer Expedition her, die der König im Jahre 1731 nach Afrika schickte, um naturhistorische Untersuchungen anzustellen. 400 Stämme wurden damals als Ballast mitgebracht, sie sollten zum Drechseln dienen, wovon der König (nach Gebrauch im Hause Sachsen von Kurfürst August bis auf den ersten König von Sachsen) ein Freund war; er zog es aber vor, die Stämme zum Treiben bringen zu lassen, was glücklich gelang. Der Architekt des Zwingers war der Oberlandbaumeister Daniel Pöppelmann, der 1736 starb, derselbe Architekt, der 1730 die ganze Anlage des großen Lustlagers von Zeithain und die Einrichtung der Gebäude besorgt hatte. Auch die nach August genannte älteste Dresdner Elbbrücke in ihrer bis zum Umbau von 1907 bewahrt gebliebenen Gestalt mit den Rondellen, den Trottoirs und dem Eisengitter kam durch Pöppelmann unter August im Jahre 1731 zur Vollendung.

August setzte den unter dem Namen „Großer Garten" weltberühmt gewordenen Park gehörig in Stand, und dieser Garten war damals bei weitem herrlicher geschmückt als gegenwärtig. In dem Hauptgange allein standen 1500 Marmorstatuen, teils Antiken, teils von neueren und zum Teil von namhaften Künstlern, wie von Balthasar Permoser und Antonio Corrabini, dessen beide schöne Gruppen der Zentauren, die Dejanira entführen, am Eingange des Hauptparterres vor dem Palais noch heutzutage Bewunderung finden. August ließ auch den kleinen Teich bei dem von Johann Georg II. gebauten schönen Gartenpalais graben und daneben ein heiteres Sommertheater für den Hof im Freien zu kleinen Dramen und Schäferspielen errichten, wovon die Spuren noch zu sehen sind.

In der Stadt wurde noch die Frauenkirche unter August in den Jahren 1727 bis 1734 von dem namhaften Architekten Bähr erbaut. Die breite Königstraße in der Neustadt und nach ihm benannte Friedrichstadt datieren ebenfalls aus der Zeit des ersten polnischen Königs „Friedrich" August.

In der Umgebung von Dresden widmete August seine bauherrliche Fürsorge den beiden Lustschlössern Moritzburg und Pillnitz. Die von seinem großen Vorfahren, dem Kurfürsten Moritz, erbaute Moritzburg schuf der König als Dianenburg durch neue und prächtige Bauten in ein „kleines Versailles" um. Es erhebt sich in vier Stockwerken mit vier runden Ecktürmen auf einer Insel im Schloßteiche, mit einer Kapelle, sieben großen Sälen und über 200 Zimmern und ist ausgeschmückt mit einem unermeßlichen Reichtum an Jagdbeuten, Hirschgeweihen und dergleichen. Daneben liegen der große Schloßgarten, der Fasaneriegarten und der große Tiergarten für die Parforcejagden. In Pillnitz erbaute August im alten Schlosse 1720 den berühmten Venustempel, der die Bildnisse seiner Geliebten enthielt und wo die königliche Familie speiste. Zu diesem alten Schlosse ward das neue Schloß in chinesischem Geschmack mit dem französischen Garten angelegt. 1725 kam dazu das sogenannte französische Dorf. Architekt war bei den Pillnitzer Bauten Longelune. Die durch Kurfürst Christian I. schon 1589 gebaute Festung Königstein wurde durch August seit 1731 für das 18. und einen großen Teil des 19. Jahrhunderts unüberwindlich gemacht.

Ganz besonders sind die Kunstsammlungen Augusts Werk. Er ließ in Rom aus der Sammlung des Fürsten Chigi, des Kardinals Albani und einigen andern berühmten Kabinetten antike Statuen aufkaufen; sie kamen bis zum Jahre 1730 nach Dresden und legten den Grund zu dem Antikenkabinett. Ebenso machte August der Starke den Anfang zu der europäisch berühmten Gemäldegalerie. Er stiftete auch das herrliche Kupferstichkabinett. 1697 war eine Malerakademie gegründet worden. Kunstwerke und Seltenheiten aller Art, namentlich aber den prächtigen Brillantenschmuck gab August dem von den Fremden mit so besonderer Vorliebe noch jetzt gesehenen Grünen Gewölbe. Endlich legte er, wie bereits erwähnt, den Grund zu der heutigen, in der gesamten Kulturwelt nicht minder berühmt gewordenen Dresdner musikalischen Kapelle, die schon früher einmal unter seinem Großvater Johann Georg II. einen großen Ruf gehabt hatte. Das alles also, was Dresden den Einheimischen und Fremden fortdauernd so interessant macht, war Augusts Schöpfung.

Nicht vergessen sei, daß August auch Leipzig, das er der Messe wegen so liebte und so häufig besuchte, eine schöne Parkanlage gab: das Rosental, das er unmittelbar nach dem Abzuge der Schweden anlegen ließ. „Im November 1707," berichten die Frankfurter Relationen, „wurde auf königlichen Befehl angefangen mit Aufputzung des bei Leipzig liegenden Lustwäldchens, Rosental genannt, in welchem schöne Alleen angelegt und ein Lusthaus gebaut werden sollen."

— — — — — — — — — — —

Auch eine noch heute in Blüte stehende, für den Staat recht einträglich gewesene und gebliebene Industrie begründete der König in Sachsen: die der Porzellanmanufaktur in Meißen. Wenn ihm auch der Zufall behilflich war, daß die Erfindung des Meißner Porzellans unter seiner Regierung in Sachsen erfolgte — und zwar durch einen Mann, den er zu ganz anderem Behufe in Gewahrsam hielt —, so ist doch des Königs Verdienst um Einrichtung der Fabrikation genau so hoch einzuschätzen, wie die soeben gewürdigten Verdienste Augusts um Kunst und Kunstsammlungen.

In Johann Friedrich (von) Böttiger, der durch Zufall Erfinder des weltberühmt gewordenen, schönen Meißner Porzellans ward, lernen wir zugleich einen der merkwürdigsten Menschen aus einer großen Flut merkwürdiger Leute von allen Schattierungen, die in jener viel bewegten Zeit in Dresden und anderwärts auftauchte, kennen. Böttiger war ein geborener Sachse, seine Vaterstadt war Schleiz im Voigtlande, wo sein Vater bei der Münze angestellt war, später ward er Münzmeister zu Magdeburg. Da seine Mutter sich zum zweitenmal mit dem Magdeburgischen Stadtmajor und Ingenieur Tiemann verheiratete, erhielt er frühzeitig Unterricht in Mathematik und Fortifikationskunst, zeigte aber auffallende Neigung zur Chemie. Schon im zwölften Jahre, 1696, kam er als Lehrling in die Zornsche Apotheke in Berlin, wo er sich sofort aufs Goldlaborieren legte, aufgemuntert von dem berühmten Kunkel, einem Gevatter und Hausfreund Zorns, der von dem jungen Manne, nachdem er auf seinem Gute Dreißighufen „eine Demonstration auf sein Silber" gesehen hatte, ganz bezaubert war und überall seine seltnen Talente und Kenntnisse anrühmte.

Einige Zeit später erschien zu Berlin ein merkwürdiger Fremder, der in den Hauptstädten Europas herumreiste. Dieser Fremde nannte sich Laskaris *) und wollte Archimandrit eines griechischen Klosters auf der Insel Mitylene sein.

Als Laskaris im Jahre 1701 in Berlin verweilte, erkundigte er sich bei seinem Gastwirte, ob es in Berlin auch Alchimisten gebe. An dergleichen sei kein Mangel, entgegnete der Wirt treuherzig und nannte unter andern den Apotheker Zorn, bei dem Böttiger in Lehre stand. Der Fremde verfügte sich bald darauf in die Offizin und verlangte ein chemisches Medikament. Der Provisor trug einem Gehilfen auf, „den Laboranten" zu rufen. Es erschien ein junger Mensch, der Lehrling Böttiger, wie sich ergab. Der Fremde fragte ihn, warum er Laborant genannt werde. Böttiger gab gutmütig lachend zur Antwort, man nenne ihn so zum Scherze, weil er in seinen Nebenstunden zuweilen alchimistische Experimente mache. Der fremde Herr fand Gefallen an ihm und lud ihn ein, ihm ein Präparat von Antimonium zu machen und ins Gasthaus zu überbringen. Als es Böttiger brachte, plauderte der Fremde mit ihm. Böttiger ward bald zutraulich und gestand, daß er den Basilius Valentinus besitze und nach ihm sorgfältig arbeite. Er wiederholte

---

*) Laskaris war nach Schmieders Geschichte der Alchimie einer von den fünfen, „von denen es wahrscheinlich, wenn nicht gewiß ist, daß sie wirklich die Tinktur (Goldtinktur) besessen haben." Diese fünf waren: Seton (unter Kurfürst Christian II.), Philaletha, ein Engländer, und Wagnered, ein Bayer, alle drei im 17. Jahrhundert, ferner Laskaris und Sehfeld, der als letzter um die Mitte des 18. Jahrhunderts unter Kaiser Franz I. in Österreich verschwindet.

seine Besuche und gewann immer mehr die Gunst des Fremden. Als dieser endlich abreisen wollte, und die Pferde schon bereit standen, eröffnete er dem herbeigerufenen Böttiger, daß er Inhaber des großen Geheimnisses sei, er schenkte ihm zwei Unzen von seiner Tinktur, „im Werte von 80,000 Talern", mit der Anweisung, daß er noch einige Tage nach seiner Abreise schweigen, dann aber die Wirkungen der Tinktur zeigen möge, wem er wolle, damit man in Berlin nicht mehr die Alchimisten Narren schelte.

Böttiger tat nach dieser Weisung, und es gelang ihm, mehrere Transmutationsprozesse glücklich ins Werk zu setzen. Die Sache machte großes Aufsehen, die Stadtgespräche drangen bis zu König Friedrich I. Er gab Befehl, sich des jungen Abepten zu bemächtigen, aber Böttiger ward zur rechten Zeit gewarnt. Er entkam aus Berlin; als er bei Wittenberg über die Elbe gesetzt ward, sah er hinter sich ein preußisches Kommando, das man ihm nachgeschickt hatte. In Wittenberg wohnte Böttigers Mutterbruder, der Professor der Beredsamkeit Kirchmaier, der die Chemie als Lieblingssache stark trieb, bei ihm wollte Böttiger bleiben. Aber der preußische Hof requirierte ihn nun förmlich als einen Magdeburger und preußischen Untertan in Dresden. Der sächsische Hof ward aufmerksam, fortwährend hatte man das Absehen auf die Goldmacherei — „alle chemischen Philosophen haben in Dresden ihre Künste probiert," bezeugt Loen in einer Bemerkung über die Ausgaben des Königs, die sich „gleichsam auf unerschöpfliche Einkünfte beziehen." Böttiger ward, weil sich ergab, er sei in Schleiz geboren, nicht ausgeliefert, im Gegenteil, August ließ ihn am 29. November 1701 von Wittenberg nach Dresden bringen. Er zeigte hier dem Statthalter Fürstenberg die Tinktur und ihre Wirkung und überließ ihm eine Probe des Arkanums.

Fürstenberg reiste damit zum Könige nach Polen, dieser schrieb schon unterm 16. Dezember 1701 eigenhändig an Böttiger und nahm ihn in seinen Schutz. Das Postskript dieses Briefs lautete: „Noch füge hier zuh das er wolle sich gegen niemanden, es sei auch wer es wohlle heraußlassen sondern anstehen bis ich selbsten mit ihm mich besprechen kan welches ich verhoffe wilf Gott bald geschehen zu kehnen."

Die beiden ersten Leute in Sachsen, der Statthalter Fürstenberg und der Großkanzler Beichlingen, suchten jeder Böttiger nach ihren besonderen Zwecken zu benutzen. Es handelte sich darum, den König glauben zu machen, Beichlingen, der Geldbeschaffer, sei durch den Goldmacher zu ersetzen; anders war Beichlingen kaum zu stürzen. Es gelang, dem Könige die Überzeugung beizubringen, daß Böttiger wirklich Gold, soviel er wolle, machen könne, und damit setzte Fürstenberg den Sturz Beichlingens durch.

Böttiger hatte dem Statthalter nebst der Probe seines Arkanums auch ein Gläschen voll Merkur (Quecksilber) übergeben

und ihn, ehe er nach Warschau zum König reiste, eidlich geloben
lassen, mit dem König nicht eher die Probe zu machen, bis
dieser auf Ehre und Gewissen versprochen habe, Zeugen nicht
zuzulassen, auch niemandem, weder jetzt noch künftig, etwas von
dem Geheimnis zu entdecken. Übrigens hatte Böttiger dem Statthalter eingeschärft: „nicht ohne die aufrichtigste Gottesfurcht und
Frömmigkeit ans Werk zu gehen, weil darauf unendlich viel
ankomme.“

Kaum war Fürstenberg beim Könige angelangt, als schon
in den ersten Stunden ein Hund im Zimmer des Königs die
Schachtel umwarf, in der das Glas mit dem Merkur sich befand,
so daß es zerbrach. Böttiger hatte versichert, dieser Merkur
sei von ganz besonderer Beschaffenheit, er war also in Warschau
nicht zu ersetzen. Nichtsdestoweniger nahmen am zweiten Weihnachtsfeiertag in der Nacht, in einem der innersten Zimmer des
Schlosses, bei verriegelten Türen der König und Fürstenberg die
Probe vor. Die beiden Tiegel, die Böttiger ausdrücklich mitgegeben hatte, wurden mit Kreide bestrichen, in den größeren
Tiegel die Böttigersche Tinktur mit etwas Merkur, wie er in
Warschau zu laufen war, und Borax getan, der zweite Tiegel
darauf gestürzt und darauf die Masse über anderthalb Stunden
ins Glühfeuer gestellt. Das Resultat des Prozesses war nicht
Gold, sondern eine so feste Masse, daß man sie nur, indem man
den Tiegel zerschlug, gewinnen konnte. Fürstenberg schrieb unterm
28. Dezember 1701 an Böttiger: „daß der König selbst über zwei
Stunden beim Feuer gesessen habe, an gehöriger Frömmigkeit
habe es bestimmt nicht gefehlt, da der König zwei Tage vorher
das heilige Abendmahl genossen, er, der Fürst, aber selbst seine
Gedanken einzig auf Gott gerichtet habe“ — dennoch sei der
Prozeß, dessen Gelingen er dem König so sicher vorgespiegelt
habe, gänzlich mißlungen.

Schon im Januar 1702 kehrte Fürstenberg wieder nach Sachsen zurück.
Er traf Böttigern, der in seinem Hause wohnte, mit seinem Zustande, da
er wie ein Gefangener behandelt wurde, höchst unzufrieden, der junge
siebenzehnjährige, lebenslustige, eingesperrte Mensch kannte sich mehrmals
vor Wut nicht und drohte, sich zu ermorden, wenn man ihn nicht loslasse.
Am 15. Februar schon ließ ihn Fürstenberg der Sicherheit halber aus seinem
Hause weg und auf den Königstein bringen. Hier ward aber Böttiger
noch viel wilder. Nach einem Bericht des Kommandanten vom 12. April
1702 „schäumte er wie ein Pferd, brüllte wie ein Ochse, knirschte mit den

Zähnen, rannte mit dem Kopfe gegen die Wand, arbeitete mit Händen und Füßen, kroch an den Wänden herum, zitterte am ganzen Leibe, so daß zwei starke Soldaten seiner nicht Herr werden konnten, hielt den Kommandanten für den Engel Gabriel, verzweifelte wegen der Sünde gegen den heiligen Geist an seiner ewigen Seligkeit und trank dabei tüchtig, oft zwölf Kannen Bier des Tags, ohne trunken zu werden." Man konnte, wie der Kommandant meldete, durchaus nicht klar sehen, ob nicht Verstellung im Spiele sei.

Hierauf kam Befehl vom Statthalter, Böttiger wieder nach Dresden zu schaffen. Fürstenberg nahm ihn wieder in sein Haus, und hier ward Böttiger bald mit dem berühmten Tschirnhausen bekannt. Ehrenfried Walter von Tschirnhausen gehörte zu Fürstenbergs vertrautesten Freunden, wohnte, so oft er nach Dresden kam, bei ihm und hatte ein großes Laboratorium im Fürstenbergschen Hause, wo der Fürst mit ihm laborierte. Gewöhnlich hielt er sich auf seinem alten Stammgute Kieslingswalbe bei Lauban auf. Er war einer der ausgezeichnetsten Naturverständigen seiner Zeit, der unter anderm die Glashütten in Sachsen eingeführt hat. Er war zwölf Jahre auf Reisen durch ganz Europa gewesen, Mitglied der Akademie der Wissenschaften zu Paris und starb 1708, siebenundfünfzig Jahre alt. Tschirnhausen schloß Böttiger ins Herz, und dies verlieh diesem solche Wichtigkeit, daß man jahrelang mit ihm Geduld hatte und immer hoffte, er werde „das große Werk" leisten. Er selbst hoffte dies; er verließ sich auf die Winke, die Laskaris hatte fallen lassen. Diese würden ihn, glaubte er, auf die rechte Spur führen, die Tinktur selbst zu bereiten.

Böttiger erhielt nun seine Einrichtung wie ein großer Herr im Schlosse zu Dresden, zwei große Zimmer, den sog. Probiersaal und einige Gewölbe zum Laborieren, die sog. große Opernstube zum Billardzimmer und das Kirchstübchen des Gärtners zu seiner Andacht. Er durfte in den an seine Wohnung stoßenden sog. Feigengarten, einen Teil des Hofgartens, und gegen Vorzeigung einer vom König selbst unterzeichneten und besiegelten Karte auch auf dem um die ganze Festung Dresden herumführenden schwarzen Gange spazieren gehen. Nicht minder stand ihm königliche Equipage, wenn er ausfahren wollte, zur Verfügung, aber stets unter Begleitung. Ohne Erlaubnis seines Wächters, des Sekretärs Nehmitz, durfte niemand, Tschirnhausen ausgenommen, zu Böttiger. Außer seinem Gesellschafter Baron Schenk und Nehmitz speisten gewöhnlich einige andere Personen an Böttigers Tafel.

Tschirnhausen, der Böttiger so lieb gewonnen hatte, daß er sich mehr in Dresden, als in Kieslingswalbe aufhielt, war wiederholt sein Gast, öfters kam auch der Statthalter mit. Böttigers Deputat im Schlosse waren mittags und abends fünf Gerichte mit Wein und Bier, das Tafelgerät war von Silber. Nach den Memoiren Harthausens konnte er Geld haben, soviel er wollte, man hielt ihm sogar Mätressen wie einem vornehmen Kavalier.

Böttigers Umgang hatte, wenn er bei Laune war, ungemein viel Anziehendes, er war ein jovialer Mensch, von der lebendigsten Unterhaltungsgabe, mit der er alle zu bezaubern wußte. Der Statthalter lebte mit ihm auf dem vertrautesten Fuße, zog ihn oft zur Tafel und fuhr mit ihm nach Moritzburg auf die Jagd, die Böttiger mit Leidenschaft liebte. Unterm

1. Mai schrieb Fürstenberg ihm einmal aus Leipzig, daß er viel an Podagra „auff gutt theutsch das bernheuterische oder verfluchte Zipperle" leibe. Böttiger erwiderte höchst freimütig: „es könne gar nicht schaden, wenn große Herren auch bisweilen gezüchtigt würden, damit sie fein fromm sein und bleiben möchten."

Auch der König, der in allem Ernste die überschwenglichsten Hoffnungen von Böttiger hegte, behandelte ihn in dem vertraulichen Briefwechsel, den er unausgesetzt mit ihm unterhielt, mit der allergrößten Rücksicht.*) Er gratuliert ihm zum neuen Jahr und meldet ihm wiederholt, daß der Statthalter Vollmacht habe, alles nach seinem Belieben einzurichten und ihm niemand „von widrigem Naturel" aufzubringen. In einem Schreiben vom 20. Februar 1702 schätzt er sich glücklich, daß Böttiger „durch Gottes Fügung sich in seine Protektion begeben, Gott habe nur aus ganz besonderen Ursachen ihn zu Böttigers Schutz erkoren", er verspricht: „in allem nach Gottes Willen und Böttigers Verlangen zu handeln" und lebt der Zuversicht, „der höchste Gott werde ihn gewiß immer so regieren, daß er sich des großen Werks würdig mache und nichts von Böttiger verlange, als was ihm Gott eingebe". Einmal schreibt er ihm: „Ich sehne mich, bald Euch mündlich zu sagen, wie sehr ich verlange zu zeigen, daß ich wahrhaft der Eurige mit affection und Zuneigung bin Augustus R."

In des Königs Briefen an dritte Personen heißt Böttiger „Monsieur Schrader" oder „die Person", „der Bewußte", auch „l'homme de Wittenberg"; er selber unterzeichnete nur mit seinen beiden Vornamen oder mit „Notus".

Anderthalb Jahre lang, bis Mitte des Jahres 1703, schützten Böttiger vor dem Mißtrauen des Königs der Hund, der in des Königs Zimmer zu Warschau die Schachtel mit dem Merkurglase umgeworfen hatte, und der Vorwand des Mangels an Geschick, mit dem der König und Fürstenberg bei ihrem Tingierversuche zu Werke gegangen seien. Während dieser anderthalb Jahre lebte Böttiger in Herrlichkeit und Freuden. Sein Aufenthalt kostete den König vom Dezember 1701 bis zum April 1704 40,000 Taler einschließlich Reisekosten.

---

*) Später allerdings drohte August gelegentlich: „thu mir zu willen, Böttiger, sonst laß ich dich henken!" (A.)

Böttiger war in Dresden bei den Leuten von gutem Ton allgemein beliebt. Man speiste gern bei ihm, denn jedem Gaste legte er eine talergroße, goldene Schaumünze von eigner Arbeit unter den Teller; dies bewog auch Damen, sich zahlreich bei ihm einzufinden. Man spielte auch gern mit ihm, weil er gern verlor. Böttiger gab Feste im größeren Stile; als ihm Fürstenberg eine Maslerade abschlug, die er am 5. März 1704 zum Namenstag des Königs, der in Polen war, geben wollte, aus Furcht, Böttiger könne sie zur Flucht benutzen, drohte er wieder, sich zu ermorden.

Aber nach und nach ging der ihm von Laskaris anvertraute Schatz zur Neige. Noch immer verließ sich Böttiger auf dessen Winke. Aber die Hoffnung schlug fehl; was er auch versuchte, nichts wollte gelingen. Darauf suchte er zu fliehen. Es war ihm schon im Sommer 1703 gelungen, glücklich bis Ens in Österreich zu kommen. Aber der Statthalter ließ ihn damals zurückbringen und nun strenger bewachen.

1704, am 1. Januar und am 1. Dezember kam der König selbst zweimal nach Sachsen und lernte Böttiger persönlich kennen. Er befragte seinen Beichtvater, den alten gescheiten Jesuiten Bota, über den Goldmacher. Dieser schrieb ihm unterm 1. März 1705: „Böttcherus ille videtur mihi esse vir honestus, egregiae eruditionis et excellentissimi ingenii." (Böttiger scheint mir ein anständiger Mensch von trefflicher Erziehung und ausgezeichnetstem Geiste zu sein.) Darauf ward am 5. März der Bergrat Pabst zu Erlernung des „großen Arkanum" förmlich in Pflicht genommen; er, der Statthalter und Tschirnhausen beschworen feierlich sechsunddreißig Kontraktspunkte, die auch der König durch einen schriftlichen Eid, unterm 6. März ausgestellt, unverbrüchlich zu halten versprach. Unter diesen sechsunddreißig Punkten bezogen sich siebzehn auf Geheimhaltung, Böttiger machte ausdrücklich zur Bedingung, „daß nichts zur Üppigkeit, sündlichen Actionibus, boßhafter Verschwendung, unnötigen und unbilligen Kriegen und dergleichen sündlichen Werken verwendet werden solle; auch dürfe, wer das Arkan besitze, nie einem Herrn dienen, der öffentlichen und schändlichen Ehebruch, unschuldiges Blutvergießen und dergleichen treibe." Unterm 7. September 1705 übergab Böttiger auf zwanzig Folioseiten seinen „Prozeß zum Universal" und machte darnach einen Tingierversuch, der gelang (!); doch bemerkte der geheime Kämmerer Starke, „es wären verschiedene Umstände passirt, so zu einem concentrirten Betruge ziemlichen Subçon geben". Fürstenbergs Tingierversuch nach Böttigers Prozeß zum Universal mißlang. Wiederholt bat nun Böttiger um seine Freiheit, am 17. September 1705 machte er den König vor Christi Richterstuhl deshalb verantwortlich. August ließ ihn aber nicht los, sondern befahl unterm 25. September 1705, ihn auf die Albrechtsburg in Meißen zu schaffen.

Böttiger fügte sich dem unabwendbaren Schicksal. Nachdem er der Schweden halber vom September 1706 an wieder über ein Jahr auf dem Königstein zugebracht hatte, kam er wieder nach Dresden. Hier ließ er Materialien aller Art herbeischaffen und verfuhr nach der berühmten memphitischen Tafel, d. h. er kochte alles durcheinander.

So erfand er zufällig gegen Ende des Jahres 1707, im sechsten Jahre seiner Haft, das braune Jaspisporzellan, dem 1709 das weiße Porzellan folgte. Nach Tschirnhausens Rat bildete er diese Erfindungen technisch aus, wobei er seiner enthusiastischen Natur gemäß so eifrig war, daß er mehrere Nächte in kein Bett kam. Böttiger gestand nun in einem dem König von Polen unterm zweiten Weihnachtsfeiertag 1709 übersandten Schreiben, das ein be- und wehmütiges Gedicht begleitete, er sei kein Adept.

Man begnügte sich mit dem Porzellan, das bei der damaligen Kostbarkeit des chinesischen dem König beinahe ebenso lieb wie eine Goldfabrik war. August hatte Millionen für chinesisches und japanisches Porzellan, das seine Passion war, ausgegeben. Einmal früher hatte er unter andern in China einige Vasen und Becher mit dem polnisch-sächsischen Wappen für die hohe Summe von 50,000 Talern bestellen lassen. Die Manufaktur ward sofort im großen durch herbeigezogene „holländische Steinbacker" betrieben. Seit 1710 ward das weiße Porzellan auf der Albrechtsburg zu Meißen im großen fabriziert. Es verdrängte bald das chinesische und japanische und ward einer der begehrtesten Luxusartikel der eleganten Welt. Eine Menge Dinge, die seither aus Marmor, Metall oder Holz gemacht worden waren, wurden jetzt aus Porzellan gemacht, z. B. Tischplatten, Türpfosten, Öfen und Kamine; ja, man versuchte sogar Porzellansärge.

Die Hauptkunstwerke, die man in Meißen zustande brachte, waren die kleineren und größeren, aufs feinste und schönste gemalten Porzellanfiguren. Bis zu welcher Vollendung man es in dieser Branche brachte, davon können der berühmte zerbrochene Spiegel, das Blumenmädchen, die fünf Sinne usw. Zeugnis geben. Der Vertrieb der Fabrik stieg auf weit über 200,000 Taler, die Kosten betrugen etwa die Hälfte; man hatte gegen achtzig Kommissionslager und Handelshäuser, die das Verlaufsgeschäft führten.

Zwar mußte Böttiger des Fabrikgeheimnisses wegen noch eine Zeitlang Gefangener bleiben, der König aber bezeigte sich höchst gnädig gegen ihn, besuchte ihn wiederholt und schoß mit ihm nach der Scheibe; noch öfters ließ er ihn zu sich kommen, Böttiger erhielt Zutritt zu Privataudienzen, so oft er es wünschte. Wiederholt befahl der König, ihn vor allem Ärgernis zu schützen, schenkte ihm einen Ring mit seinem Bildnis, einen jungen Bär und ein paar Affen und gab ihm offnen Kredit an den Hofjuden Meyer. Endlich sechs Jahre nach der Porzellanerfindung, 1715, ward ihm die Meißner Porzellanfabrik auf Lebenszeit zur freien Disposition ohne alle Rechnungsablage „wegen feiner ftets bewiefenen Treue und Devotion" überlaffen, unter der Bedingung, die Arcana gehörig zu bewahren. Dabei genoß er noch die Freiheit, fo oft er nach Meißen kam, hier ftets auf königliche Rechnung zu fpeifen, Gäfte konnte er mitbringen, fo viel er wollte. 1714 fchon war er völlig frei gelaffen worden; dreizehn Jahre hatte feine Haft gebauert. Er lebte im großen Zuge in Dresden wie früher, außer einer zahlreichen Dienerfchaft hielt er fich eine Menge Hunde und ganz befonders herrliche Gärten in Dresden und Meißen. Sein Glashaus in Dresden enthielt über 400 Orangenbäume und feltene Gewächfe, die Orangerie war fo bedeutend, daß oft Fremde kamen, fie zu bewundern, die Gräfin Cofel erhielt von Böttiger faft täglich frifche Orangenblüten zugefchickt. Er ftarb fchon am 13. März 1719 zu Dresden, erft vierunddreißig Jahre alt. Exzeffe in der Liebe und im Trunke — er trank alle Tage ein halbes Dutzend Flafchen Wein und zuletzt Branntwein — befchleunigten feinen Tod.

Neuntes Kapitel.

Augufts letzte Lebenstage — „Bedacht auf meine Völker" — Ableben in Warfchau — „Der Tod diefes Gerechten" — Urteil Friedrichs des Großen — Beurteilung durch Friedrich Wilhelm I. — Schulenburgs und Manteuffels Anfichten über Auguft — Stilprobe des Königs — Das Herz kommt nach Sachfen — Eleonore Eberhardinens letzte Lebenstage — Abfchied von Beffe — Skizze einer Charakteriftik: — Elifabeth Charlottens — Flemmings — Böttigers und Flathes — Haakes Urteil über Auguft.

Auguft hatte einen langjährigen Schaden am linken Schenkel, den er fich fchon 1697 bei dem Turniere von einem fchweren Falle — weswegen ihm die Gunft der Fürftin Lubomirska zuteil wurde — geholt hatte. Der König hatte fich nie gefchont, und fo war das Übel ftehend geworden. Es mußte ihm 1727 fchon die große Zehe am linken Fuße amputiert werden; fein Leibchirurg Weiß amputierte ihn, nachdem er ihm ein Opiat gegeben hatte, brevi manu, dann tat er — da die Leibärzte nicht daran gewollt hatten — einen Fußfall und fetzte feinen Kopf zum Pfande, daß die Amputation bringlich nötig gewefen fei. Die Leibärzte hatten fich an den berühmten Petit in Paris gewandt, er follte kommen und die Operation vollziehen. Er fchrieb, wenn die Zehe nicht amputiert werde, fei der König tot, bevor er nach Dresden kommen könne. Schon 1728, als die Markgräfin von Baireuth den König in Berlin fah, konnte er weder mehr gehen noch ftehen, sondern mußte sich immer auf ein Taburett niederlassen, wenn er sich mit den Damen unterhielt.

Trotz dieses von ihm stets vernachlässigten Schadens brach August, nachdem er noch zur Neujahrsmesse 1733 in Leipzig die angekommenen Pferde besehen und am 6. Januar den Karneval in Dresden eröffnet hatte, am 10. Januar wieder nach Polen auf, um dort endlich den wiederholt vereitelten Reichstag zustande zu bringen.

Nach Förster sagte August zu seiner Umgebung auf das bringende Anliegen, sich doch zu schonen: „Ich fühle die mir drohende Gefahr; doch bin ich verpflichtet, mehr Bedacht auf meine Völker, als auf meine Person zu nehmen!" Förster fügt hierzu den Ausdruck seiner (Försters) Freude, „daß Friedrich August durch ein so königliches Wort am Schluß seines Lebens uns mit seinen Verirrungen und seinem verfehlten Dasein einigermaßen versöhnt".

Der König erreichte Warschau am 16. Januar. Die Strapazen der harten Winterreise hatten den Fuß verschlimmert, und beim Aussteigen stieß sich August so stark, daß das Blut aus der Stelle der amputierten Zehe floß. Der kalte Brand ergriff die aufgebrochene Wunde und verbreitete sich infolge der verdorbenen Säfte rasch über den Körper. August sah dem Tode mutvoll entgegen. Am 1. Februar 1733 starb er, 62³/₄ Jahre alt, wider Erwarten schnell, aber doch nicht so plötzlich, wie er es sich vor zehn Jahren gewünscht hatte. Als damals der Herzog von Orleans, der Regent von Frankreich, in den Armen der Madame de Valori gestorben war, hatte August ausgerufen: „Ah que je meurs de la mort de ce juste!"

Der Zeuge, der für diesen Ausruf einsteht, ist Friedrich der Große; er bezieht sich natürlich nur aufs Hörensagen. Das Urteil dieses großen Königs ist für die öffentliche Meinung in der Bewertung Augusts maßgebend geworden und allerdings gar nicht zu dessen Vorteil. Friedrich war August todfeind wegen seiner Falschheit, seiner Haupteigenschaft, die Haxthausen bestätigt, und schrieb aus Ruppin am 21. Januar 1733 an General Grumbkow: „Le roi de Pologne est le prince de tout le monde le plus faux et pour lequel j'ai le plus d'aversion; il n'a ni honneur, ni foi, et la supercherie est son unique loi; son interêt et la division des autres est son étude. Je l'ai appris au camp de Radewitz (Mühlberg) et il m'a fait des tours, que je n'oublierai de ma vie. Mais je n'ai été dupé de lui, qu'une seule fois, bien fou, si jamais il m'y ratrappe."

(Der König von Polen ist der falscheste Fürst in aller Welt und der, gegen den ich die meiste Abneigung habe; er besitzt weder Ehre noch Treue, und die Hinterlist ist sein einziges Gesetz; sein Interesse und die Verhetzung der anderen bilden sein Studium. Ich habe ihn im Radewitzer (Mühlberger) Lager genau kennen gelernt, und er hat mir dort Winkelzüge gemacht, die ich mein Leben lang nicht vergessen werde. Aber ich habe mich nur ein einziges Mal von ihm täuschen lassen; es wäre recht närrisch, wenn er mich jemals wieder erwischte.)

Über diese Abneigung gibt einigen Aufschluß ein Brief Grumbkows an Seckendorf vom 4. November 1732: „Je ne crois pas qu'il y ait un pareil couple dans le monde que le père et le fils (Friedrich Wilhelm I. und sein Sohn). Le Roi de Prusse (Friedrich Wilhelm I.), quand il soupa hier chez moi répéta plus de 3 ou 4 fois que le Roi de Pologne étoit le plus grand prince, qui eût jamais regné et le second, qu'il avoit connu après Pierre le Grand."

(Ich glaube nicht, daß es in der Welt ein ähnliches Paar gibt, wie den Vater und den Sohn. Der König von Preußen [Friedrich Wilhelm] hat mir, als er gestern bei mir zu Abend aß, mehr als drei- oder viermal wiederholt, der König von Polen wäre der größte Fürst, der jemals regiert habe und der zweite, den er nächst Peter dem Großen kennen gelernt hätte.)

Widerspruchsvoll in sich! Wie nun wohl zur Genüge bekannt, haßte Friedrich fast alles, was sein Vater liebte, und in Mühlberg schon hatte ja August seinen — Fluchtversuch verhindert.

Nicht entfernt so hart als Friedrich der Große, sondern anerkennend wie dessen Vater, urteilte auch ein anderer Zeitgenosse, dem es weder an Geist gebrach, um Geist in den Menschen zu erkennen, noch an Redlichkeit, um, wo er keinen fand, nicht zur Schmeichelei herabzusteigen. Graf Schulenburg, von Voltaire angegangen, ihm Erläuterungen zu seiner „Geschichte Karls XII." zu geben, übersandte ihm eine Denkschrift aus Venedig im Jahre 1740, sieben Jahre nach des Königs Tode, worin es heißt: „Es ist gewiß, daß der König Friedrich

August von Polen einer der vollendetsten Fürsten, die man sich denken kann, gewesen ist; er besaß das richtigste Urteil und die richtigste Unterscheidungsgabe, eine außerordentliche Gewandtheit und Stärke, er war sehr arbeitsam und so fleißig, wie ein Privatmann, der sein Glück machen will, nur sein kann;*) er verstand auf seine Weise, die man nicht glaublich finden kann, wenn man ihn nicht bei verschiedenen Anlässen handeln gesehen hat, die **Kunst, zu dissimulieren und sich selbst zu besitzen**; er war sehr fähig, alles zu fassen und sich in allem zu orientieren, was seinen Augen sich darstellte. Überdem verstand er den Krieg im großen und im kleinen, er zeichnete selbst zu Pferde vortrefflich, verstand sich vollständig auf alle Arten von Fortifikationen, Attacken und Verteidigungen von Plätzen, sehr gut entwarf er alle für jedwede Operation nötigen Dispositionen und Instruktionen, endlich war er der Artilleriewissenschaft gründlich und so mächtig wie die, die davon Profession machten und in dieser Branche kommandierten."

Wenn dieses Urteil Schulenburgs die Lichtseite in der Beurteilung des Geistes Augusts heraushebt, so hebt wieder ein anderes Urteil eines anderen gescheiten Mannes, des Grafen Ernst Manteuffel, die großen Schattenseiten heraus, die auf den Charakter des Königs fallen. Dieses Urteil ist in einem vertraulichen Schreiben an den Grafen Seckendorf niedergelegt und neun Monate nach Augusts Tode aus Dresden vom 28. Oktober 1733 datiert. Manteuffel gibt darin eine Schilderung des Hofs Augusts III. und beleuchtet namentlich die Eindrücke, die der Sohn vom Vater (August dem Starken) erhalten. „Es ist", sagt er, „erst nach dem Tode des Vaters bekannt geworden, daß er — der **voll von Eitelkeit, übertriebener Selbstliebe und sehr falschen Ideen war** — dem Sohne von jeher die **außerordentlichsten Maximen gepredigt hat, die man sich nur ausdenken kann.** Es ist gewiß, daß er trotz

---

*) Auch Patkul schreibt einmal im September 1703 an Peter den Großen: „Der König applicirt sich jetzo mehr als sonst geschehen auf die Affairen, arbeitet und schreibet selbst Tag und Nacht." Und Wolfframsdorff schrieb am 11. Dezember 1704: „Der König tut nichts als studieren in vous m'entendez bien." — Der Empfänger des Briefes sollte verstehen: im „Portrait de la Cour etc.", das Wolfframsdorff dem Könige im Spätherbst 1704 hatte in die Hände spielen lassen. (A.)

der Eiferfucht, die er zuweilen gegen den Sohn gefaßt zu haben schien, ihn zum Vertrauten von allem und jedem, was sich in seinem Herzen bewegte, gemacht hat, ohne selbst seine Liebschaften hiervon auszunehmen. Er hat ihm empfohlen, keinem seiner Minister zu trauen, sondern sie alle ohne Ausnahme — und die fähigsten in erster Linie — für von Leidenschaften eingenommene Leute anzusehen, die alle die Hofmeister machen wollten; er hat ihm empfohlen, selbst in eigner Person unmittelbar zu regieren und eher den Rat unbedeutender und unbekannter Leute zu befolgen, als den der Minister."

Sonderbar, wie die deutsche Orthographie seines Gegners Friedrich des Großen war, war die französische Augusts des Starken. Ein eigenhändiger Brief, den dieser König aus Grobno am 8. Januar 1706 an seinen Gesandten im Haag in der Patkulschen Sache schrieb, schließt mit folgenden Worten: „Voissi ce que vous pourres remontrer os estas dohlentes (aux états d'Hollande) et donner pars au Ressiden denglesterre (d'Angleterre) de ce quil orras a dierres (aura à dire). Auguste Roy."

Den Leichnam des Königs setzte man in Krakau feierlich bei. Sein Herz brachte man in einer silbernen Kapsel nach Dresden. Förster knüpft an diese Mitteilung die bemerkenswerte Bemerkung: „Der König hatte dies selbst so verordnet,*) allein das Geschenk kam zu spät. Was half dem treuen Volke ein Herz nach dem Tode, das im Leben nie für dasselbe geschlagen hatte!"

Augusts Gemahlin Eleonore Eberhardine war schon sechs Jahre vor ihrem Gemahl 1727 gestorben. Sie hatte, entfernt von dem rauschenden Hofe, ihren stillen Sitz auf ihrem Lustschlosse an der Elbe zu Pretsch in der Nähe von Wittenberg gehabt. Nur selten erschien sie in Dresden zum Karneval — wo sie der Etikette wegen eine Stunde vor der Tafel unmaskiert verweilte — und in Leipzig zu den Messen. Sie war, wie schon erwähnt, durch nichts zu bewegen gewesen, die protestantische Religion zu verlassen. Sie war und blieb eine fromme, ernste, ganz

---

*) Diese Anordnung und die oben mitgeteilte Äußerung des Königs, er müsse auf seine Völker Bedacht nehmen, erinnern an die Floskel im Testament Karls VI.: „amorem meum populis meis" — was sollten die Völker mit der Liebe des toten Kaisers beginnen? (A.)

der Devotion zugewandte und von den Geistlichen geleitete Frau, das Volk hatte sie ja die „Betsäule von Sachsen" genannt. Die Herren in Warschau legten nur auf ausdrücklichen Befehl des Königs Trauer wegen ihres Ablebens an, wie die Lettres historiques berichten.

— — — — — — — — —

Bis hierher sind wir Vehse und seiner im Jahre 1854 erschienenen „Geschichte der Höfe des Hauses Sachsen" gefolgt, wobei wir nur dann zu anderen Überlieferungen gegriffen haben, wenn Vehses Darstellung Fehler oder Lücken, Übertreibungen oder Unterschätzungen aufwies.

Weggelassen haben wir mancherlei, was wohl in die Geschichte des Hofes gehören mag, wie insbesondere die 275 Seiten füllenden Biographien und Charakteristiken von Augusts Günstlingen und „übrigen Ministern", die über 50 Seiten umfassenden Nachrichten über den Hof-, Zivil- und Militäretat und das diplomatische Korps oder die chronistische Aufzählung mehrerer Festlichkeiten usw. usw., was alles man doch in einer kurzen, dem Leben und Lieben des starken Königs und Kurfürsten gewidmeten biographischen Schrift gern missen wird, zumal es den Sinn des Lesers nur von den Hauptsachen ablenken und sein Interesse abschwächen würde.

— — — — — — —

Nachzuholen bleibt nur noch etwas, was bei Vehse — abgesehen von gelegentlichen Einstreuungen — offenbar zu kurz weggekommen ist: ein Charakterbild, eine Wertung!

Wenigstens mit der Skizze einer Charakteristik Augusts, wie sie dem jetzigen Stande der geschichtlichen Einzelheitenforschung entsprechen dürfte, mag dieses Schlußkapitel schließen. Da nämlich bekannt ist, daß uns die Herausgabe einer aus früher unzugänglich*) gehaltenen archivalischen Quellen geschöpften Lebensgeschichte Augusts von Paul Haake in einigen Jahren bevorsteht, hat es sicherlich wenig Zweck, hier ein Mosaikbild zu fertigen, in dem man vielleicht nach einiger Zeit fehlerhafte Züge und Striche, falsche Lichter und Schatten sieht, die durch Verwendung

---

*) Unser Vehse betont im Vorwort zu seiner Geschichte des Dresdner Hofs unter Hervorhebung des Umstands, daß er an 15 Jahre lang königlich sächsischer Staatsarchivar war, ausdrücklich, er wolle seinem Archivareide weder direkt noch indirekt untreu werden. „Ich halte", so schreibt er am Schlusse einer zwölf Zeilen langen Periode hierüber, „meinen Eid und veröffentliche aus dem Dresdner Archive gar nichts."

schlecht ober unecht gefärbter Steine entstehen müßten. Drum mag, ja muß es genügen, hier das vorläufig zugängliche und sogleich erhältliche **Rohmaterial** zusammenzutragen. Auch hiermit darf der Geschichtsfreund einigermaßen zufrieden sein, weil eine solche Sammlung für die weiteste Öffentlichkeit bisher meines Wissens noch niemand vorgenommen hat.

Zunächst mögen hier noch zwei weitere Zeitgenossen Augusts des Starken über ihn zu Worte kommen.

Eine Dame, die uns in diesem Buche bereits wiederholt begegnete, mag den Anfang machen. Elisabeth Charlotte, die Herzogin von Orleans, läßt sich über August in ihren Briefen an ihre Tante und ihre Stiefschwestern in der deutschen Heimat — außer an den vorhin schon mitgeteilten und an anderen belanglosen Stellen — noch wie folgt vernehmen:

„Jch fürcht, der Churfürst von Sachsen hatt mehr courage alß conduite." (30. September 1696.) — „Man sagt im sprichwort: ,Hoffart kompt vor den fall', wäre er hübsch Churfürst in Sachsen geblieben undt hette kein König seyn wollen, hette er sein leben lustig undt ahngenehm zubringen können, undt nun ist er seines lebens nicht sicher undt muß vielleicht mitt schanden auß dem Königreich, so ihm so viel gekost hatt." (11. November 1703.) — „Man könte bey dem König in Poln, Augustus, das sprichwordt verthrehen: ,Wo ein aß ist da samblen sie (sich) die adler' undt sagen: ,Wo der adler ist da samblen sie die rabenäßer', weillen er alle sein metressen so umb sich hatt." (26. März 1705.) — „König Augustus ist woll unglücklich, aber hette er das gelt, das er mit den metressen gefressen und ihnen geschenckt, ahngewendt, eine gutte armée zu unterhalten, konte er sein landt undt leütte gegen den König in Schweden verthädigen." (3. Oktober 1706.) — „Der König in Poln wirbt balb ein serail machen können von allen seinen maitressen mitt ihren kindern .... Es scheinbt, der König in Poln benckt ahn nichts alß brutalitäten; das hatt ihm mein gutter freundt Harthausen nicht gelehrt." (8. März 1705.) — „Seyder König augustus so einen liederlichen undt leichtfertigen frieden (Altranstädt!) gemacht, kan ich Jhn nicht mehr leyden." (9. Oktober 1706.) — „Jch glaube, König Augustus hatt das Hirn von viellen sauffen ein wenig verruckt. Sein wunderlicher humor wundert mich gar nicht, denn C. A. Harthausen hatt mir offt mitt threnen geklagt, daß er fürchte, gar keine ehr von seiner Zucht zu haben, denn sein prinz hatte den wunderlichsten undt vollsten humor, so er im leben gesehen, undt were dabey ein heüchler, denn er könte sich recht woll stellen undt seinen humor verbergen, welches noch ahm schlimbsten ist." (10. Februar 1707.) —

Graf Flemming, der Günstling, General und Minister Augusts, hat in seinem Nachlasse eine 1722 niedergeschriebene Porträtskizze seines Herrn, Gönners und Freundes hinterlassen,

die Artur Schurig in Dresden im Sommer 1907 übersetzt
und durch die „Frankfurter Zeitung" veröffentlicht hat. Ob
Schurigs Annahme zutrifft, daß diese Darstellung Flemmings
als Charakterschlüssel dienen kann, vermag man vorläufig
nicht genau zu beurteilen, obwohl auch Paul Haake sie die
beste zeitgenössische Charakteristik Augusts nennt und hervorhebt,
daß sie „nächst den eigenhändigen Entwürfen des Königs die
wichtigsten Aufschlüsse über seine Persönlichkeit" gibt. Jedenfalls
wird man gut tun, erst die von der sächsischen Kommission für
Geschichte in Aussicht genommene und Haake übertragene Herausgabe von Augusts eigenhändigen Entwürfen und Briefen, am
besten auch Haakes schon erwähnte Biographie Augusts abzu-
warten, bevor man sich zu einer endgültigen Umformung des
überlieferten Charakterbildes entschließt. Beiläufig steht ja
auch noch dahin, ob es überhaupt gelingen wird, der
Nachwelt — der Allgemeinheit — eine andere Meinung über den starken König beizubringen, als sie
bisher im Schwange war und ist.

Flemming führt erst Augusts Hang zur Phantasterei an, rühmt
sein universelles Wissen und seine Freigebigkeit. Dabei hebt er zugleich
hervor: „Genußsucht und Ehrgeiz sind seine Hauptleidenschaften, aber die
Genußsucht herrscht vor. Sehr häufig ist sein Ehrgeiz von seinen Lüsten
zu Schanden gemacht worden, was umgekehrt niemals der Fall gewesen ist."
Weiter erwähnt Flemming aber auch, August halte „sich von jeglichem
Vorwurfe frei, sobald er irgendwem die Schuld in die Schuhe schieben"
könne. Über des Königs Ehrgeiz urteilt Flemming u. a. wie folgt: „Der
Ehrgeiz und die Sucht, den Beifall und die Bewunderung der ganzen Welt
zu erringen, haben ihn zuweilen dazu verleitet, in der Beherrschung der geringsten Dinge glänzen zu wollen, wodurch er oft Staatsgeschäften von
hoher Bedeutung und großer Tragweite entfremdet worden ist." Ferner
behandelt Flemming Augusts Vergnügungsfreude, bemerkt, er sei in seinen
Geliebten nicht der wählerischeste gewesen, betont, daß der König nach dem
Urteil aller Welt in der Baukunst „eine Menge verstehe", aber in der Sucht
nach dem Beifalle aller häufig den Plan ändere, viel beginne, aber nichts
vollende. Er habe in gewissem Sinne ein gutes Herz, sei aber halsstarrig.
Er spotte gern und foppe seine Umgebung auf das ärgste. Seine Weichherzig-
keit wolle er nicht wahr haben, vermöge aber nichts abzuschlagen und lasse
sich daher von unredlichen Leuten*) ausnutzen. Auf den Ruhm anderer
sei August eifersüchtig. — Weiter lesen wir bei Flemming: „Ich habe
bereits gesagt, daß er kein Meister im Sichverstellen ist, obwohl er es
scheinen will. Ich möchte hinzufügen, daß diese seine scheinbare Heuchelei

---

*) Zu denen gehörte Flemming selber!

ihre Quelle darin hat, daß er den Beifall eines jeden haben will, der mit ihm zu tun und zu sprechen hat. Infolgedessen äußert er oft einander sich widersprechende Meinungen. Das hat ihm früher, wo er noch keinen ständigen Rat hatte, in der Politik einen sehr üblen Ruf eingetragen.*) Er schickte nämlich öfters Gesandte an die fremden Höfe mit Instruktionen, die zwar übereinstimmten mit den Unterweisungen an einige der anderen Gesandten, aber nicht mit allen, so daß sich zuweilen Widersprüche in der Politik der einzelnen Gesandten merkbar machten. Während nämlich der eine eine bestimmte Angelegenheit an einem Hofe betrieb, agitierte ein anderer an einem anderen Hof unbewußt dagegen. . . . Man kann sagen, daß er zu einem großen Fürsten die herrlichsten Eigenschaften der Welt hat. Er ist großherzig und mitleidig, dabei tapfer wie sein Degen. Er besitzt eine lebhafte Auffassungsgabe und sieht den Dingen leicht auf den Grund. Er will, daß man volles Vertrauen zu ihm habe. . . . Es ist bedauerlich, daß er sich nicht zu einem wahren Fürsten emporgeschwungen, sondern als Privatmann mit Dirnen und Schelmen gelebt hat, aus deren Anschauungen er sich seine Vorstellung von der allgemeinen Gesinnung der Untertanen gegen einen Herrscher gebildet hat. Hier wurzelt sein Glaube, kein Privatmann könne Freund der großen Herren sein. Das eben hat ihn argwöhnisch gemacht."

Die Quintessenz der Flemmingschen Charakteristik darf man in dem Satze erblicken: „Il a affecté d'être un autre Alcibiades, en se rendant illustre dans les vertus et dans les vices également." (Er hat die Sucht, ein zweiter Alcibiades zu sein, indem er ebenso durch Tugenden wie durch Laster von sich reden macht.)

Eine treffliche, im neunzehnten Jahrhundert geschriebene kurze Charakteristik Augusts, die bis auf weiteres, wenn nicht für immer in Geltung bleiben kann, findet sich in C. W. Böttigers und Th. Flathes „Geschichte des Kurstaats und Königreichs Sachsen". Wir lesen dort:

---

*) Dies bestätigt auch Patkul, indem er z. B. in einer Depesche aus dem Dezember 1704 u. a. schreibt: „Dahingegen ist der Ekel vor dem König Augustus so groß, daß man nichts mehr von ihm hören will und saget, es sey nun aller guter Glauben erloschen und nichts mehr auf den Mann zu bauen. . . . Ich hab' es aber dem guten Herrn König Augustus trefflich vorgehalten und ihm sein dürre unter das Gesicht gesagt, was aus der Quackelei noch entstehen und wie er wohl gar um Kron' und Kurfürstenthum kommen kann." Vor Flemming, der 1712 zum Regiment kam, war, wie Vehse ganz richtig bemerkt, überhaupt die Regierung Sachsens keine Regierung, sondern eine Auflösung gewesen, geradehin ein Chaos. Und dieses Chaos hatte August prinzipiell aufrechterhalten, denn er ging von der Ansicht aus, daß seine Minister nicht einig, sondern vielmehr uneinig untereinander sein müßten.

„Aber es war nicht bloß das Austoben übersprudelnder Jugendkraft, was ihn von Genuß zu Genuß trieb, sondern ein tiefer und dauernder Zug seines Charakters, eine unbändige Sinnlichkeit, die durch Befriedigung nur von neuem gereizt, nicht gesättigt wurde. Geblendet durch die Anschauung großartiger Weltverhältnisse und namentlich durch den Glanz des Versailler Hofes, verlor er über der Bewunderung des Auslandes die treue Liebe zu der bescheidenen Heimat. Die Prachtliebe seines Großvaters, die Ruhmsucht seines Vaters und die Sinnlichkeit seines Bruders vereinigten sich in ihm mit der vollendetsten Feinheit des geselligen Tons, und die Schmeichelei, die sich von früh auf an ihn heftete und die zum Teil aus der hinreißenden Liebenswürdigkeit seiner Person erklärlich wird, nährte in ihm eine Selbstsucht und eitle Selbstüberhebung, die seinem Ehrgeize den Weg nach würdigen Zielen versperrte, und wie sehr auch das Gewinnende seiner Erscheinung die Augen der Mitwelt blenden mochte, so wurden seine nicht gemeinen Anlagen doch nicht ein Segen, sondern ein Verderben, wie für ihn selbst, so für sein Land. Sein scharfer Verstand entbehrte der Stütze eines festen Charakters, sein Streben nach Auszeichnung scheute den Schweiß der Arbeit, seine Leidenschaften kannten nicht die Schranke des Pflichtgefühls, seine Genußsucht keine Rücksicht der Klugheit noch der Schicklichkeit."

Wer sich noch etwas mehr in das Wesen Augusts vertiefen will, der möge Paul Haakes einstweilen gleichsam als Abschlagsrate auf seine große Geschichte Augusts des Starken veröffentlichte, 1902 erschienene „Charakterstudie", die im wesentlichen auf den, wie schon erwähnt, in Haakes Bearbeitung befindlichen eigenhändigen Briefen und Entwürfen des Königs fußt und eine sehr beachtenswerte Veröffentlichung darstellt, lesen. Darin geschieht auch eines bisher noch nicht behandelten wichtigen Moments Erwähnung, das zum Verständnis von Augusts Wesen und Wirken zweifellos einen wichtigen Beitrag liefert: seines großen, nachhaltigen Aberglaubens.

Er glaubte an die von Wilhelm Petersen übersetzte und durch Fälschung einiger Jahreszahlen in Augusts Lebenszeit versetzte sonderbare Prophezeiung Paul Grebners, des „sericum

mundi filum", des sogenannten „seidenen Weltfadens". Nach
diesem August durch seinen Leibarzt Dr. Erndtel zugänglich
gemachten Buche sollte 1696 „einer aus dem Sachsenstamme
und Sachsengeblüt" König von Polen werden, und ein römischer
Kaiser, der den Rautenkranz im Wappen führen werde, ums
Jahr 1699 das Papsttum gänzlich ausrotten lassen. Dieser
Kaiser werde den Großtürken besiegen, dessen Reich erobern und
auch in Asien durch Vertreibung eines fremden Monarchen
großen Ruhm erlangen. Dieser Kaiser, der älter sein werde als
sein dänischer Feldmarschall*) und also drei Kronen, die polnische,
die deutsche (oder weströmische) und die oströmische, verheißen
erhielt, werde den Namen A u g u s t u s d e r G r o ß e erhalten.
Gleich dem Augustus, unter dessen Regierung Christus geboren
ward, werde dieser Augustus ein Held, Triumphator und Mehrer
des Reichs sein, und er werde leben und regieren als letzter
römischer Kaiser bis zur — Wiederkehr Christi!

„Wir wissen nicht," schreibt Haake, „ob er (August) die
Widersprüche in dem Buche nicht bemerkte oder nicht bemerken
wollte; daran aber kann kein Zweifel sein, daß es ihn zum
höchsten Ehrgeiz entflammte und ihm das Programm gab fürs
Leben." Beim Karneval 1697 erschien August als Sultan an
der Spitze von Janitscharen, ein Zeichen, mit was für Hoffnungen
er sich trug! Sein Aberglaube war ja überhaupt sehr groß:
er las fortgesetzt geomantische Werke, er glaubte an die Gold=
macherkunst, wie z. B. Böttigers Festhaltung in Dresden zeigt,
er studierte den Paracelsus und die Punktierbücher**) seines Vor=
fahren, des Kurfürsten August, die er sich 1698 gar nach Polen
nachsenden ließ.

Dieser Aberglaube erklärt zweifellos vieles in Augusts des
Starken Wesen und Handlungen. Wir aufgeklärten Leute vom
Anfang des zwanzigsten Jahrhunderts, die wir doch noch so
mancherlei Überbleibsel von gräßlichem Aberglauben in unsere
Zeiten hineinragen sehen, dürfen dem interessantesten der sächsi=

---

*) Der „neue Alexander" nahm 1697 den bis dahin in dänischen
Diensten gestandenen Herzog Friedrich Wilhelm von Württemberg als
Oberbefehlshaber und ernannte ihn zum Feldmarschall.

**) Ob er wohl die Rasuren und Änderungen darinnen bemerkt hat, die
der gute „Vater August" dann vorzunehmen pflegte, wenn das Gegen=
teil von seiner Prophezeiung eingetroffen war!

ſchen Kurfürſten und polniſchen Könige daher wohl manches minder hart anrechnen, zumal wenn wir daran denken, daß im ſächſiſchen Volke — vielleicht gar in Erinnerung an früher kolportierte Auszüge aus dem „ſeidenen Weltfaden" — der Glaube, die Wettiner und Sachſen würden „noch einmal" eine führende Rolle im Deutſchen Reiche zugewieſen erhalten, trotz aller gegenteiligen Entwicklung der Geſchichte der deutſchen Staaten im achtzehnten und neunzehnten Jahrhundert noch nicht völlig ausgeſtorben iſt.

✱ Diderot ✱
Die Nonne.

Geh. M. 2.— = K. 2.40 h., geb. M. 3.50 = K. 4.20 h.

Hochinteressanter Sittenroman, in dem das Klosterleben kurz vor der französischen Revolution treffend und lebendig geschildert wird.

Herzogin Elisabeth Charlotte von Orléans.

❋ Briefe über die Zustände am ❋ französisch. Hofe unter Ludwig XIV.

Geh. M. 2.— = K. 2.40 h., geb. M. 3.50 = K. 4.20 h.

Mit köstlicher Naivität und ursprünglicher Derbheit schildert in diesem Buche eine deutsche Fürstin (geb. Pfalzgräfin) die Zustände an dem grundverderbten französischen Hofe. Nach dem Urteile unserer ersten Gelehrten (wir nennen nur Ranke, Bischer, Scherr, W. Menzel, Behse u. s. w.) gehören die hochinteressanten Briefe zu den wichtigsten Quellen für das Studium der französischen Kulturgeschichte am Ende des 17. und am Anfang des 18. Jahrhunderts.

Franckh'sche Verlagshandlung in Stuttgart.